Gabriele Haug-Schnabel

Aggressionen im Kindergarten

Gabriele Haug-Schnabel

Aggressionen im Kindergarten

Herder Freiburg · Basel · Wien

Für Nikolas,
damit Gewalt für ihn kein Zeichen von Männlichkeit ist.
Für Anouk,
damit sie immer laut und überzeugend nein sagt,
wenn sie nein fühlt.

Gedruckt auf umweltfreundlichem, chlorfrei gebleichtem Papier

Umschlaggestaltung: Joseph Pölzelbauer
Umschlagfoto: Hartmut W. Schmidt

Alle Rechte vorbehalten – Printed in Germany
© Verlag Herder Freiburg im Breisgau 1999
Satz: Barbara Herrmann, Freiburg
Druck und Bindung: Freiburger Graphische Betriebe 1999
ISBN 3-451-26911-2

Inhalt

Vorwort 9

1 „Auf Aggressionen könnt' ich gut verzichten!" 11
1.1 Was versteht man unter „Aggressionen im Kindergarten"? 14

2 Wie wäre es denn damit: Aggressionen abschaffen? 17

**3 Aggressionen im Kindergarten –
und wo ist das Problem?** 27
3.1 Zuerst einmal stört Aggression 28
3.2 Das Thema Aggression läßt uns neuerdings aufhorchen .. 33
3.3 Wer ist gefährdet, und wo fängt das Problem an? 37

4 Aggression kann so verschieden aussehen 45

5 Böse Buben ...? 53
5.1 Ist Aggression eigentlich spezifisch männlich? 54
5.2 Warum haben Jungen mehr Probleme? 62
5.3 Übrigens, 99 % der Erzieher sind weiblich.
Und das hat Konsequenzen! 64

**6 Aggression hat immer eine Ursache, die es
aufzuspüren gilt** 69
6.1 Aggression ist vielursächlich 70
6.2 Aggressionen und der Faktor Zeit 73
6.3 Aggressionsursachen aufspüren 74

7 Ernst verboten, alles nur gespielt! 77
7.1 Spielerische Aggression, nicht mehr gefürchtet, sondern gefördert 78
7.2 Wichtige Erfahrungen im „So-tun-als-ob-Raum" 87

8 Erfolgreich sein, ein gutes Gefühl, das (ab und zu) sein muß 89
8.1 Wer hat hier was zu sagen, und wer genießt Ansehen? 90
8.2 Wie hat in Kinderaugen ein Kompromiß auszusehen? 94
8.3 Wer wird Sieger? Über das Gewinnen und Verlieren 97

9 Wehe, wenn sie losgelassen! 103
9.1 Die Gruppe wird zum Gegner 104
9.2 Das Täter-Kind, das Opfer-Kind 111
9.3 Das Kind mit dem Etikett „Schläger" 115
9.4 Horch, was kommt von draußen rein! 119

10 Aggressionstraining im voraus – noch ohne Wut ... 123
10.1 Aggression und in Ruhe nachdenken – zwei Dinge, die nicht zusammenpassen 124
10.2 Gefühle zeigen – Gefühle erkennen 127
10.3 Heute steht Wut auf dem Programm 129
10.4 Wir brauchen Regeln, z. B. folgende: Fehlverhalten muß Konsequenzen haben 131

11 Was tun bei Konflikten? 135
11.1 Das Notfallprogramm 136
11.2 Der Sache auf den Grund gehen 139
11.3 Irgendwann muß wieder Ruhe sein – wir gehen zur Tagesordnung über 143

12 Das müssen wir anders machen ... 147

12.1 Keine falschen Hoffnungen: Aggression wächst sich nicht aus! ... 148
12.2 Gesetzte Grenzen dürfen nicht unterlaufen werden ... 149
12.3 Ausschau halten nach versehentlicher „negativer" Belohnung ... 150
12.4 Aggression nicht verteufeln, dazu stehen, daran arbeiten .. 151
12.5 Verborgene Wege der Aggression erkennen und freilegen .. 152
12.6 Sozial Attraktives muß sich lohnen und bewußt unterstützt werden ... 155
12.7 Bitte keine zu idealistischen Vorstellungen ... 156

Index ... 158

Vorwort

„Mit Aggressionen müssen wir uns beschäftigen und mit Konflikten in der Gruppe auseinandersetzen, weil die Kinder eine Stellungnahme oder Reaktion unsererseits erwarten."

Einen solchen oder ähnlichen Kommentar bekam ich von Erzieherinnen noch vor wenigen Jahren nicht selten zu hören, wenn es um das Thema Aggressionen im Kindergarten ging.

Inzwischen ist das Interesse am Thema „Aggression" – gerade auch in der Öffentlichkeit – stark gewachsen, und Erzieherinnen reagieren sensibler, wenn es um aggressives Verhalten bei Kindern geht. Dahinter stehen u. a. die Ratlosigkeit, wie der vermeintlich oder real zunehmenden Häufigkeit von aggressivem Verhalten im Kindergarten zu begegnen ist, und die Besorgnis, welche „Karrieren" vor aggressiven Kindern liegen. Hinter dem Interesse steht auch der Wunsch, erfolgreicher in der Prävention zu sein und professioneller in einer akuten Situation reagieren zu können, d. h., „Tätern" und „Opfern" gerechter zu werden. Entsprechendes Wissen, Informationen und Interventionsstrategien sind als Vorbereitung für den „Ernstfall" sinnvoll, da Aggressionen oftmals dann auftauchen, wenn man nicht mit ihnen rechnet, überrascht ist und sich überfordert fühlt.

Dieses Buch basiert auf dem 1996 in der Reihe „Erzieherin heute" erschienenen gleichnamigen Titel. Es hat den Anspruch, Sie auf den Umgang mit Aggressionen vorzubereiten und Ihnen adäquate Reaktionen zu ermöglichen. Da Aggression ein vielschichtiges Phänomen ist und Auseinandersetzungen nicht einfach über einen Kamm zu scheren sind, will es Ihren Blick für die Vielfalt aggressiver Aktionen und Reaktionen schulen und Sie hellhörig für frühe Anzeichen und Ursachen machen. Viele Beispiele lassen Sie ein Gefühl für die Dynamik von Aggressionen bekommen und machen Sie handlungskompetent im Umgang mit deren „lauteren" und „leiseren" Erscheinungsformen. Nicht zuletzt läßt dieses Buch Sie aber auch spüren, wie gesund eine ordentliche Wut sein kann, wie klärend eindeutige Worte und wie verbindend gelöste Konflikte sein können – wenn alle die Spielregeln kennen und einhalten.

Mit diesem Buch möchte ich allen Erzieherinnen danken, die mich bei Verhaltensbeobachtungen im Kindergarten und auf Fortbildungen überzeugt haben, daß der Kindergarten die sich ihm stellenden Herausforderungen annimmt und meistert. Ich wünsche Ihnen, daß die Ihnen zustehende Anerkennung nicht länger ausbleibt.

Gabriele Haug-Schnabel

1 „Auf Aggressionen könnt' ich gut verzichten!"

Aggression, nein danke!
Aha, Aggressionen scheinen ein offensichtlich unattraktives Thema zu sein. Aber ein aufdringliches, fast schon penetrantes, mitunter täglich wieder auftauchendes Thema, eines, das andere betrifft und ganz schnell auch einen selbst erfaßt hat.
Aber ist es nicht auch ein wichtiges, sogar spannendes Thema? Davon muß ich Sie allerdings noch überzeugen!

„Auf Aggressionen könnt' ich gut verzichten!"
Dieser Satz stammt von einer Erzieherin, die wie alle ihre Kolleginnen während einer Blitzlichtrunde anläßlich einer Fortbildung gefragt wurde, was ihr spontan bei den Worten „Aggressionen" und „Konflikte" einfallen würde.

Aggression ist ein Reizwort, mit dem jede schlaffe Diskussion wieder in Gang zu bringen ist. „Wie war das denn in Ihrer Ausbildung? Waren Konflikte und Aggressionen ein Thema?" braucht man dann nur noch zu fragen, und schon geht es rund.

- „Konflikte waren bei uns kein Thema."
- „Ausbildungsmäßig bin ich ungenügend auf den Umgang mit Konflikten vorbereitet."
- „Theoretisch wie praktisch habe ich Defizite. Es fehlt mir an Wissen, an Umsetzungsroutine – und das ist nicht nur bei mir so, wie ich im Laufe vieler Gespräche festgestellt habe."
- „Meine schulische Vorbereitung auf Alltagsprobleme, zu denen Aggressionen und Konflikte gehören, würde ich heute als unzureichend bezeichnen. Damals war ich froh, daß nicht noch mehr trockener Stoff kam, der in der Prüfung verlangt werden konnte."
- „Ich habe während der Ausbildung den Eindruck gewonnen, daß in einem pädagogisch gut geführten Kindergarten wenig Konflikte vorkommen und schon gar keine Aggressionen. Die Praxis hat mich zuerst in eine ‚Bist-du-eigentlich-die-Doofe-Krise' fallen lassen. Dann habe ich nach praktikablen Lösungen gesucht, die doch aufkommenden Aggressionen zu bearbeiten. Und das beste ist, immer mehr halte ich Aggressionen für gesund, ja sogar für befreiend."
- „Theoretisch habe ich von Aggression keine Ahnung."
- „Die Entwicklung kindlicher Verhaltensweisen kam in der Ausbildung sehr kurz, zu kurz. Und auch die Frage, ob wir

unser Erzieherverhalten nicht besser auf den kindlichen Entwicklungsverlauf abstimmen sollten."
- „Unser Team fühlt sich nicht oder nur ungenügend auf den Umgang mit Konflikten vorbereitet. Eventuell paßt unsere Ausbildung auch nicht mehr zu den heutigen Anforderungen an das Bewältigen von Aggressionen und Konflikten."
- „Meine theoretischen Kenntnisse haben in der Praxis null gebracht. Entweder waren sie so abgehoben, daß ich im Notfall nicht darauf zurückgreifen konnte, oder sie waren so abwegig, daß sie den Weg in die Praxis nicht überstanden haben."
- „Am Anfang tue ich immer so, als ob ich nichts sehen und nichts hören würde. Vielleicht habe ich ja Glück, und das Problem regelt sich von selbst. Ich tue also immer zuerst so, als gäbe es keinen Konflikt. Geht meine Rechnung nicht auf, mache ich auf überrascht: Wie konnte etwas so Unerwartetes geschehen?"
- „Sind Aggressionen für Kinder dasselbe wie für Erwachsene? Da bin ich mir gar nicht so sicher."
- „Was bedeuten Konflikte für Kinder? Sind sie so schlimm wie für uns? Ich glaube nein, sie gehören zum Kinderalltag dazu und sind ganz schnell vergessen. Ein kurzes Kloppen, dann wieder ein Herz und eine Seele. Auseinandersetzungen sind erst dann schlimm, wenn ein Kind immer verliert und sich nie durchsetzen kann."
- „Sollen Kinder ihre Konflikte nach Erwachsenenart lösen? Immer nur reden? Unsere Münder sind doch schon ausgefranst, und trotzdem werden unsere Konflikte nicht weniger. Eine kurze Rangelei, und die Sache ist gegessen. Vielleicht sind es nur unsere Berührungsängste, die uns immer gleich schreien lassen: Alles, nur nicht Hauen! Ich bin natürlich nicht für eine wilde Prügelei."

■ „Ich denke oft, wir alle haben Angst vor Aggressionen, weil sie uns verunsichern, bis auf's Hemd ausziehen und ihr Ende – wie es ausgeht – nicht abzusehen ist. Wir reagieren oft aus dem Bauch heraus und bereuen schon wenige Minuten später, was wir getan haben, wieder so scharf dazwischengegangen, ein Kind als böse hingestellt, eine Entschuldigung verlangt, immer ein Schuldiger gesucht und und und."

■ „Ist Euch eigentlich schon einmal aufgefallen, daß wir Erzieherinnen nicht gut mit Konflikten zurechtkommen, mit Aggressionen schon gar nicht, aber von den Kindern verlangen, daß sie beides mit Bravour meistern? Aber von wem sollen sie das lernen? Von den Eltern? Das klappt nicht bei allen. Also muß es wohl als Geschenk vom Himmel fallen!"

Bevor wir auf die Gabe des Himmels warten, sollten wir Konfliktbewältigung und den Umgang mit Aggression selbst in den Griff bekommen.

1.1 Was versteht man unter „Aggressionen im Kindergarten"?

Kindergarten-Insider wissen sofort, wovon die Rede ist:
von Streitereien, von Krach, von Schimpfworten, von Beleidigungen, Provokationen, vom Stoßen, Schlagen, Kneifen, Beißen, Treten, An-den-Haaren-ziehen, von Wegnehmen und Kaputtmachen, von Auslachen, Spotten und Hänseln. Es geht um das „Nicht-mitspielen-lassen", darum, jemanden aus Gesprächen auszuschließen, sich zu rächen, drohen, quälen, tyrannisieren und einschüchtern, aber auch darum, sich und andere zu verteidigen, sich zu wehren, zu versuchen, sich durchzusetzen, dazwischenzutreten, zu opponieren und Einhalt zu gebieten.

Erst auf den zweiten Blick wird deutlich, um was es hier eigentlich geht. Um es vorwegzunehmen: Es handelt sich bereits im Kleinkindalter bei aggressivem Handeln immer um die Verteidigung von etwas oder um das Erkämpfen von etwas! Aggressionen ohne Ursache, aus reiner Boshaftigkeit gibt es nicht.

Ein Kind verteidigt sich selbst, es verteidigt aber auch ihm nahestehende andere Kinder gegen Angriffe. Es verteidigt sich und andere bei drohender Gefahr, um unversehrt zu bleiben, bei seinem Tun möglichst wenig beeinträchtigt und eingeengt zu werden. Mit ebensoviel Engagement verteidigt es Objekte und Territorien, gemeint sind all die Dinge, die ihm im Moment besonders wichtig sind: das Auto, mit dem es gerade spielt, sein Bär, seine Burg im Sandkasten und noch einige Zentimeter Sicherheitsabstand darum herum oder seine geliebte Erzieherin, vor allem den heißbegehrten Platz auf ihrem Schoß. Es verteidigt aber auch seine Spielidee und seine Pläne, indem es andere Kinder zu bestimmten Handlungen veranlaßt oder sie daran zu hindern versucht. Es verteidigt mit individuell unterschiedlicher Vehemenz seine Rechte und seine Interessen, sobald es diese irgendwie bedroht sieht, z. B. das Recht, auch einmal ungestört allein spielen oder allein essen zu dürfen und nicht immer gefüttert zu werden oder den Po nach dem Toilettenbesuch selbst putzen zu dürfen. So wird die Befriedigung wichtiger Bedürfnisse, wie dem nach Selbständigkeit und Eigenerfahrung, aggressiv eingeklagt und auch gegen Widerstand durchzusetzen versucht. Das ist der Weg, sein Bedürfnis, selbst zu handeln, seinen kindlichen Bewegungs- und Erkundungsdrang, seine Wißbegierde und seine Wiederholungsbegeisterung zu stillen. Als übermäßig empfundene Anforderungen werden aggressiv verweigert, um einer Enttäuschung und ängstigenden Überforderung entgehen zu können. Denn es ist auch wichtig, die Eigenstabilität zu verteidigen.

Beim aggressiven Handeln geht es aber auch um das Erreichen und Bewahren von Einfluß und Ansehen. Auch um Zuneigung kann gekämpft werden oder darum, Informationen zu erhalten oder Aufmerksamkeit zu erregen. Mit dem Mittel der Aggression wird versucht, die bestehenden Verhältnisse zu kontrollieren und – wenn nötig – so zu verändern und mitzugestalten, daß sie wieder Sicherheit und Zufriedenheit bieten. Ist dieser Zustand erreicht, gilt es, ihn zu stabilisieren. Es geht um Aufstieg, um Dazugehören, Anerkennung und Dominieren – kurz, um einen guten, einen einflußreichen Platz in der Gruppe.

Zum Weiterlesen:

- Dittrich, G./Dörfler, M./Schneider, K.: Konflikte unter Kindern. Erzieherinnen berichten aus ihrem Alltag. Deutsches Jugendinstitut 3/97, München 1997.
- Dittrich, G./Dörfler, M./Schneider, K.: Konflikte unter Kindern beobachten und verstehen. Deutsches Jugendinstitut 4/98, München 1998.

2 Wie wäre es denn damit: Aggressionen abschaffen?

> Falls wir ohne Aggressionen auskommen könnten, wäre es natürlich günstig, diese wegzuerziehen, abzudressieren oder, noch besser, gleich gar nicht erst aufkommen zu lassen. Diese Idee scheint recht naheliegend, denn der Begriff Aggression ist umgangssprachlich ausschließlich negativ besetzt, denn sofort sehen wir Kämpfende vor uns, Verletzung, Vernichtung und unbeschreibliches Leid. Zu viele Bilder fallen uns ein, in denen Menschen, auch schon ganz junge, voll Wut und nicht nachvollziehbarer Grausamkeit aus einem nichtig erscheinenden Grund andere angreifen, verletzen oder gar töten.

Eins ist klar: Aggression, die menschenverachtende Züge annimmt, zu Gewalttätigkeit und Destruktivität führt, ist abzulehnen und mit allen Mitteln bereits in ihrer Entstehung zu verhindern. Aber sobald wir ein bißchen intensiver und differenzierter nachdenken, wissen wir auch, daß wir Aggression zum Leben brauchen, vor allem zum Zusammenleben – und zwar bereits als Kinder.

Ohne Aggression würde niemand mehr auf seine Bedürfnisse nachhaltig aufmerksam machen können und diese auch erfüllt bekommen, kein Säugling, kein Kleinkind, kein pubertierender oder erwachsener Mensch. Niemand könnte sich in einer Gruppe wohlfühlen, da er seinen Platz dort nicht kennen würde, nie mit Sicherheit feststellen könnte, wie weit sein Verhaltensspielraum reicht und wo dieser endet: nämlich genau an der Toleranz- oder Schmerzgrenze eines seiner Mitgefährten im Kindergarten, in der Familie, in der Schule, im Büro. Anlässe für Konflikte gäbe es im sozialen Miteinander trotzdem noch, denn weiterhin würden verschiedene Meinungen und Ziele aufeinander stoßen. Doch keiner hätte die Durchsetzungskraft, sie zu beseitigen oder zu lösen. Ohne Aggression hätte niemand, schon gar nicht ein Kind, die Kraft, zu widersprechen und nein zu sagen, beides sind aber wichtige Voraussetzungen, um gesunde Grenzen um seine Persönlichkeit aufzubauen, um sich vor Mißbrauch und Mißhandlung zu schützen und ichstark zu werden. Und wo bliebe ohne Aggressivität der Leistungswille, wo blieben die konstruktiven, motivationssteigernden Formen des Wettbewerbs? Auch die Kraft für einen Neuanfang, das Überwinden des „inneren Schweinehunds" wären in Gefahr. Oder wie stünde es um die Zivilcourage? Sie allein braucht ein ordentliches Maß an Aggressivität. Denn immer bedeutet sie, einen Schritt aus der Menge herauszutreten, Stop zu sagen und sich für Schwache, gerade nicht Angesehene einzusetzen, sich gegen innere und äußere Widerstände durchzusetzen.

Kinder wissen sehr wohl, daß es bei der Aggression auf das richtige Maß ankommt. Nie würden sie in ihrer Gruppe ein übermäßig aggressives Kind zum Boß oder zur Chefin aufsteigen lassen. Viel zu willkürlich, zu wenig vorhersehbar wäre deren Führungsstil. Selbst aufmerksame Gruppenmitglieder hätten keine Einblicke in die Aktionen des „Alphas". Eine unbefriedigende Situation für alle. Unkontrollierte Aggression, die in einer Konfliktsituation jeden von ihnen genauso unerwartet wie ihre „Feinde" treffen könnte, wird nicht akzeptiert. Gewalt und mutwillige Zerstörung fürchtet eine Gruppe.

Aber die Sache ist kompliziert. Zu wenig Aggressivität darf der oder die erste der Gruppe natürlich auch nicht haben. Würde er oder sie jedem Konflikt ausweichen, wäre sein bzw. ihr Auftreten zu schwach. Das würde sofort alle Gruppenmitglieder verunsichern und Rivalen anlocken. Sichtbare Schwäche ist wie ein Signal: Greift an, eure Gewinnchancen stehen gut! Ein derartiges Verhalten wäre auch zu wenig autoritär, um, wenn es darauf ankommt, zu zeigen, wo es langgeht, und alle für eine Idee zu begeistern, aber auch zu wenig autoritär, um überzeugen, schlichten oder siegen zu können.

Es gibt bereits Fünfjährige mit beeindruckender Autorität und ersten Anzeichen von Zivilcourage. Sie haben Führungsqualitäten – und das wissen die anderen und respektieren sie. Interessant für uns Erwachsene ist hier auch die Tatsache, daß diese Kinder beliebt sind. Attraktiv wird, wer sie als Freund oder Freundin hat.

Was können diese Kinder bereits, weshalb sie in der Gruppe auffallen? Sie lassen zum Beispiel Vorurteile einem bestimmten

Kind oder einer Gruppe gegenüber erst gar nicht aufkommen: „So ein Quatsch, Mädchen sind nicht doof! Matthis, du hast nur Angst, daß sie geschickter sind als du! Daß du dich blamieren könntest. Nur deshalb machst du bei ihrem Spiel nicht mit!"

Es gibt unter ihnen Kinder, die sich für andere einsetzen: „Natürlich darf Pauline mitspielen, sie hat doch das letzte Mal mit ihren kleinen Händen einen tollen Tunnel gebaut!" – „Das finde ich blöd, daß du jetzt an Mike rummeckerst, nur weil dir dein Bild nicht so gelungen ist, wie du es wolltest." – „Fändest du es vielleicht gut, wenn jemand so gemein zu dir wäre?"

Aggression gehört zu unserem Leben dazu. Jeder Säugling bringt bereits die kämpferische Bereitschaft, Widerstände zu beseitigen, sich beim Kontaktwunsch lautstark Gehör zu verschaffen und Zuwendung recht überzeugend einzuklagen, mit auf die Welt.

Die *Aggression aus Frustration* sorgt die ganze Kindheit und Jugend dafür, daß Defizite bei der Befriedigung wichtiger Bedürfnisse sichtbar und dadurch auch behebbar werden. Sie ist oft die einzige Chance, die ein eingeengt erzogenes, überbehütetes Kind hat, um auf seine Einschränkungen hinzuweisen, um sich bewegen, spielen, Neues ausprobieren und auch mal etwas Riskantes wagen zu dürfen.

Die *aggressive soziale Exploration*, im Volksmund Trotzen und Provozieren genannt, ist eine für Kleinkinder typische, ganz wichtige Aggressionsform, bei der das Kind versucht, gegen alle Widerstände aggressiv anzugehen, um zu erfahren, wo sein Wille durchsetzbar ist und wo sich unüberwindbare Grenzen befinden. Das Kind muß gegen soziale Regeln aktiv verstoßen und Reaktionen provozieren, um seinen alterstypischen Handlungsspielraum auszuloten, um soziale Orientierungshilfen zu erhalten: Wie weit kann ich mit Nörgeln und Jammern bei Mama gehen, um meinen Wunsch durchzudrücken, was kann ich mir ungestraft bei Papa an Ungehorsam leisten, wie lange kann ich in der Spielgruppe rumkommandieren, bevor ich ausgeschlossen werde?

Versuche, diesen Konflikten auszuweichen, müssen weitere, verschärfte Provokationen hervorbringen, da der Interaktionspartner bislang seine Antwort schuldig blieb. Nur das Setzen konsequenter, aber auch einsichtiger Grenzen schafft die so wichtigen klärenden Verhältnisse. Wenn dienstags etwas erlaubt wird, was montags verboten war, wäre man ja blöd, es mittwochs nicht noch einmal zu versuchen. Diese aggressiven Vorstöße sind nicht etwa abzudressierende Ungezogenheiten, sondern ein wichtiger Teil des sozialen Lernens. Zwei ideologisch begründete extreme Erziehungskonzepte werden allein schon aus diesem Grund dem Kind nicht gerecht: die bestrafende Verweigerung einer Versöhnung durch die Eltern nach einer – wie wir gesehen haben – für die kindliche Entwicklung wichtigen Trotzreaktion und die antiautoritäre Erziehung, die dem Kind durch zielloses Gewährenlassen das Kennenlernen von wohltuenden Grenzen und damit auch von Sicherheitsgefühlen verweigert.

Aggression gehört zu unserem stammesgeschichtlichen Erbe, zu unserem Leben dazu. Trotzdem oder gerade deshalb muß hier sorgfältig differenziert werden, denn wir leben nicht mehr unter den sozialen Bedingungen, unter denen unsere ursprünglichen Aggressionsbereitschaften entstanden sind und sich auch Jahrtausende lang bewährt haben. Einige unserer alten biologischen Aggressionsgründe sind lebensnotwendig, wichtig für den einzelnen wie für seine Gruppe, so die explorative Aggression, die Aggression aus Frustration und jene zur Verteidigung, wie wir bereits gehört haben bzw. noch sehen werden (Kap. 6.1 und Kap. 8.1).

Frustration: Wütender Mund.

Wie wäre es denn damit: Aggressionen abschaffen? _____ 23

„Ich bin doch schon angezogen!"

Andere Aggressionsbereitschaften aber stehen unseren heute erreichten kulturellen und ethischen Vorstellungen menschlichen Zusammenlebens im Wege. Welche Teile unserer Aggression wir ausleben und deren Erfolge genießen dürfen und welche wir schnellstens zu zügeln lernen müssen, weil sie dem Menschenbild unserer Lebensgemeinschaft widersprechen, bringt uns unsere Sozialisation bei. Das bekommen wir zu hören. Mehr noch lernen wir es am Modell, durch das Verhalten unserer Eltern, Erzieher, Pädagogen, von unseren Gleichaltrigen, aus Büchern und Filmen. So erfahren wir, wie mit Aggressionen, den eigenen wie auch fremden, bei uns umgegangen wird. Nach den Standardregeln des Lernens erfährt jedes Kind, wie man sich verhält, wenn die Wut aufkommt. Welche aggressiven Reaktionen wann erwartet, wann toleriert werden und – ganz wichtig – von wem gegen wen. Wer darf sich was wem gegenüber erlauben? Und genauso, welche Reaktionen sind zu unterlassen? Das gilt im kleinen wie im ganz großen.

Nach identischem Muster erfahren wir auch, wer unsere Verbündeten und wer unsere Gegner sind, so z. B. gegen welche kulturell geprägten Feindschemata sich unsere Aggression richten soll. Wer uns fremd, gefährlich, gar minderwertig, also als Feind erscheint, sagen uns nicht die Gene, das sagt uns unsere Erziehung. Uns zu Gruppen zusammenzuschließen, uns bewußt gegen andere abzugrenzen, innerhalb der Gruppe solidarisch zu sein und, falls ein Gruppenmitglied angegriffen wird, nach außen aggressiv aufzutreten, dieses Reaktionspaket gehört zu unserer Biologie.

Diese *Gruppenaggression*, die kompromißlose Solidarisierung mit Eigenen gegen Fremde, war in den Anfängen der Menschheitsgeschichte sicher angebracht, doch paßt sie in dieser Form nicht mehr in unsere großteils anonyme, multikulturelle Massengesellschaft mit ihren relativ neuerworbenen Vorstellungen von

Toleranz und Humanität gegenüber Fremden. Die aggressive Solidarisierung gehört zu den negativen biologischen Aggressionsursachen und muß in ihrer Unbarmherzigkeit durchschaut und zu überwinden gelernt werden. Ein Lernziel, das bereits im Kindergarten erreicht werden kann, wie wir in Kap. 9 sehen werden.

Wir müssen über diese Zusammenhänge Bescheid wissen, um hier bewußt human mit unserer Natur leben zu können. Die Natur läßt Raum für Kultur, vorausgesetzt die Kultur erkennt die Notwendigkeit ihres schnellen und konsequenten Einsatzes. Schon Kleinkinder fühlen sich zu mehreren stark, gegen einzelne Kinder oder eine andere Gruppe anzugehen, sie zu beleidigen, auszuschließen und schließlich auch mit vereinten Kräften anzugreifen. Im Rausch der Gruppe ist Mitleid vergessen, Verantwortung verschwindet unerkannt irgendwo zwischen den Reihen. Hierfür darf unsere Biologie nicht als Alibi gelten. Gegen derartige Auswüchse kann man etwas machen und sollte sofort die gefährliche Dynamik stoppen, die einzelnen auf ihr Tun und seine Folgen hinweisen und den Mitläufern vor Augen führen, wohin sie sich – meist blind – führen lassen. Nicht früh genug kann man lernen, wie verheerend die Auswirkungen massensuggestiver Aggressionen sind.

Anders sieht unser Bild von der *Aggression zur Verteidigung* aus. Sie akzeptieren, ja fördern wir, da wir ihren Sinn erkannt haben. Ein Kind verteidigt sich selbst, es verteidigt aber auch ihm nahestehende andere Kinder, es verteidigt ihm liebgewordene Gegenstände und Spielplätze. Es verteidigt seine Selbständigkeit, seine Spielidee und seine Pläne, indem es andere Menschen zu bestimmten Handlungen veranlaßt oder sie an ihm zuwiderlaufenden Handlungen zu hindern versucht. Das akzeptieren wir: „Laß dir nicht alles gefallen, wehr dich, versuch doch, dich auch einmal durchzusetzen", raten wir, zumindest den Jungen. Bei Mädchen drücken wir uns in diesem Zusammenhang noch nicht so eindeutig aus (siehe Kap. 5).

Dauernd sammeln Kinder Erfahrungen zum Thema Aggression. Jeder Tag bietet hierzu Anschauungsmaterial in reichlicher und vielfältiger Form. Ein Kind sieht aggressives Handeln bei anderen, im Leben wie im Film, oder es erlebt Aggression am eigenen Körper, in der eigenen Familie. Alles Modelle für Auslösesituationen, Entstehungsbedingungen, Kettenreaktionen, Eskalation und die entsprechenden Konsequenzen. Auf diesem Weg erfährt es, wann Aggression sich offensichtlich „lohnt". Und es legt sich dadurch sein eigenes Reaktionsmuster zurecht und sammelt Erfahrungen damit. Sich zu wehren und aufzubegehren, kann durchaus richtig sein, aber nie dürfen Gewalt und aggressive Einschüchterung nachahmenswert erscheinende Modelle sein, Akzeptanz finden und womöglich offen oder versteckt belohnt werden. Aber genau das geschieht im Alltag ganz oft und völlig unbemerkt (siehe Kap. 12).

Dieser kurze theoretische Exkurs zum Thema Aggression zeigt, daß es beim Umgang mit Aggression auf Differenzierung ankommt. Man muß genau hinschauen, unterscheiden und Zusammenhänge herausarbeiten, will man bei Aggressionen erfolgreich erziehen.

Zum Weiterlesen:

- Schulte-Markwort, M.: Gewalt ist geil. Mit aggressiven Kindern und Jugendlichen umgehen. Trias, Stuttgart 1994.

3 Aggressionen im Kindergarten – und wo ist das Problem?

> Aktionen, Aktivitäten, Angebote, alles wird geplant. Meist arbeitet man hierbei sozusagen mit Netz, überlegt sich eine Alternative angesichts des Wetters, berücksichtigt Ausweichtermine und legt Ersatzmaterial bereit. Vorsichtige Menschen machen schon mal einen Probelauf vorweg, um auf eventuell auftauchende Schwierigkeiten vorbereitet zu sein. Mit allen möglichen Komplikationen rechnet man, aber nicht damit, womit am ehesten zu rechnen ist, nämlich mit zwischenmenschlichen Konflikten und Auseinandersetzungen wegen Meinungsverschiedenheiten. Das ist seltsam, denn sie sind der gruppendynamische Regelfall, nicht die Ausnahme.

3.1 Zuerst einmal stört Aggression

Wir tun uns schwer mit Konflikten. Natürlich kann man nicht jeden Streit voraussehen und schon ein oder zwei Lösungsmodelle parat haben. Das nicht, aber eine eher allgemeine Bereitschaft, mit dem Auftauchen von Komplikationen zu rechnen, könnten wir schon voraussetzen. Da es uns zumeist komplikationsloser lieber ist, planen wir keine ein.

- „Nie ist man auf Aggressionen vorbereitet, sofort ist die gute Laune weg, und die aggressive Stimmung hält so lange an."
- „Alles, was mit Aggression zu tun hat, braucht Zeit. Das gilt nicht nur für die akute Situation, in der es zur Auseinandersetzung kommt, in der gestritten und geschlagen wird. Vor allem danach dauert es unheimlich lang, bis wieder Friede ins Land einzieht und neue Aktivitäten beginnen können!"

Eine Aggression ist meist laut und fällt auf, ihr Beginn für alle anderen außer Täter und Opfer oft nicht festzustellen und im nachhinein selten rekonstruierbar. Es ist schwer, den zu finden, der angefangen hat, vielleicht am Konflikt schuldig war. Ausfindig machen können wir meist nur den, der als erster ausgerastet ist, vielleicht zugeschlagen hat. Was aber genauer ablief, ist selten nachvollziehbar (vgl. Strätling).

Wie endet eine Aggression? Das ist fast immer unberechenbar. Schon deshalb ist sie störend und irritierend. Ein empörter Aufschrei, ein Wutausbruch, eine Flut von Schimpfworten und vor allem ein tätlicher Angriff, der zum Kampf wird, unterbrechen automatisch jede Aktivität und jedes Spiel. Aggression stört immer, die an der Auseinandersetzung direkt Beteiligten natürlich besonders einschneidend, doch auch Zuschauer und Zuhörer werden in ihren Aktivitäten gestört. Zumindest unterbricht jeder seine Tätigkeit oder seine Gedanken, wird auf das Geschehen aufmerksam und beobachtet genau, was da eigentlich abläuft. Selbst in der entferntesten Ecke wird registriert, daß sich die Stimmung geändert hat und nun ein anderer Wind weht. Aggressionen sprechen eine eindeutige, klare Sprache. Es muß nicht unbedingt die angestiegene Lautstärke sein, die unmißverständlich vermittelt: „Hier handelt es sich um eine Auseinandersetzung!" Auch leise kann scharf gesprochen, gezischt oder gefaucht werden. Nur das Nötigste, Befehle, Drohungen, Beschimpfungen. Und man baut sich vor seinem Gegner auf, tut alles, um größer zu erscheinen und imponierender zu wirken. Typisch sind Zornesfalten und ein starrer, drohender Blick. Mitunter sind imponierende Wutgebärden wie Stampfen, geballte Faust oder Schlagandeutungen und Tritte in Richtung des Gegners zu sehen. All dies geht dem eigentlichen Angriff voraus oder ist schon für sich allein so überzeugend, daß der Bedrohte nachgibt und auf diesem Weg der Angriff vermieden wird (hierzu Genaueres im Kap. 8.3).

Selten kann man aggressive Handlungen ignorieren, als Betroffener sowieso nicht. Aber auch denjenigen, die nicht direkt am Konflikt beteiligt sind, drängt sich aggressives Geschehen auf. Man muß hinschauen, hinhören, denn die weitere Entwicklung könnte auch für einen selbst wichtig werden. Wie endet die Auseinandersetzung? Kann sie noch in den Anfängen gestoppt werden oder, wie schon oft gesehen und befürchtet, nur mit Tränen und unglücklichen Gesichtern? Oder mal ganz unerwartet erfreulich, indem nach der lautstark geäußerten Meinungsverschiedenheit tatsächlich eine gemeinsam befriedigende Lösung gefunden wird, ohne daß es einen eindeutigen Sieger und einen noch eindeutigeren Verlierer gibt? Geht es gerecht zu, können die zwei Kontrahenten danach wieder gemeinsam weiterspielen? Wenigstens nach einiger Zeit?

Bei Aggressionen in seiner Nähe muß auch deshalb jeder achtsam sein, weil, ehe er sich versieht, er selbst in den Konflikt hineingezogen werden kann, sich womöglich selbst wehren muß oder vielleicht ganz schnell zu einer Parteinahme gezwungen wird.

Erzieherinnen fühlen sich bei Aggressionen aufgrund ihres Berufes immer angesprochen. Der unvorhersagbare Ausgang schließt eine friedliche Verständigung ebenso ein wie „handfeste" Argumente, Verletzungsgefahr und Eskalation auf beiden Seiten. Wut kommt auf und ist da. Deshalb muß sie auch sofort beantwortet, bearbeitet werden. „Wißt ihr was, da reden wir morgen drüber, erinnert mich einfach dran und spielt jetzt schön zusammen weiter!" Diese pädagogische Strategie kann im Kindergartenalltag, aber auch zu Hause in vielen Situationen erfolgreich sein, bei Aggressionen greift sie nie. Aggression verlangt Stellungnahme, und zwar sofort. Auch deshalb stört sie.

Der Druck, schnell handeln zu müssen, verleitet zu vorschnellen Äußerungen. Wenige Sekunden später weiß man, daß wieder mal der Streß sinnvollere Alternativen verhindert hat. Eine Reaktion ist abgelaufen, die man in dieser Form gar nicht wollte, die eigentlich ja – bei Ruhe betrachtet – richtig unklug war. Kurz, man bedauert sie sofort. Kapitel 11 bietet hier ganz konkrete Hilfestellungen an. Aber genau dieser zurückbleibende Nachgeschmack nach Hilflosigkeit und Überforderung ist auch ein Grund, weshalb uns Aggression unangenehm ist.

Übrigens stört Aggression nicht nur im Kindergarten, Aggression stört auch die Eltern zu Hause. In dem Alter, von dem wir hauptsächlich sprechen, zwischen drei und sechs oder sieben Jahren, sind körperlich aggressive Auftritte häufig, am häufigsten in der ganzen Lebensspanne überhaupt. Bestimmte Aggressionsursachen sind ganz typisch für diese Altersgruppe. Viele Gespräche mit Eltern machen deutlich, daß sie dieses erzieherische Problem liebend gerne an den Kindergarten abgeben würden.

- „In diesem Punkt laß ich gerne hierfür ausgebildete Spezialisten ran!"
- „In den Familien sind die Konflikte ganz andere und müssen auch anders gelöst werden, denn da gibt es Krach ja nicht mit anderen Kindern, sondern zum Beispiel mit dem Vater."
- „Ich finde schon, daß es Aufgabe des Kindergartens ist, Aggressionen so weit wie möglich wegzubekommen. Wir zu Hause haben ja gar nicht so die Möglichkeiten und die Zeit, Aggressionen zu besprechen. Das bietet sich doch mit den vielen Kindern geradezu an."

Ist das tatsächlich so? Konfliktarbeit, mit Wut zurechtkommen und mit Aggressionen umgehen können, diese Lernziele kann und darf der Kindergarten den Eltern nicht abnehmen. Er kann dem Kind ein weiteres Erfahrungsfeld und viele Modelllösungen auf diesem Gebiet bieten, doch wie das Beziehungsgefüge Familie die Aggressionen angeht, hat eigenen Erfahrungswert, denn dort stehen die primären Bezugspersonen Modell.

Wieder einmal kann der Kindergarten nur familienergänzend tätig sein, auch wenn die Praxis gerade in punkto Aggressionen zeigt, wie wichtig seine Einflußnahme ist, wenn familiäre Positiverfahrungen fehlen, als Lern- und Sozialisationsort für das Kind und als kompetenter Ansprechpartner der Eltern. Wer hier übrigens wen anspricht, wer auf wen zugeht, wird unterschiedlich sein. Beide Zugangswege setzen eine gute Elternarbeit voraus, und der Umgang mit Aggressionen ist ein wichtiger Aspekt der Elternarbeit.

Auch die Kinder erleben Aggressionen zuerst einmal als störend, zumindest die der anderen. Vermehrte Kontakte mit Gleichaltrigen bringen automatisch auch vermehrte Konfrontation mit sich. Ein Kind sieht Auseinandersetzungen zwischen Kindern oder wird selbst Zielscheibe einer aggressiven Handlung. Und auch hier erfährt es auf diesem Wege, sobald sich Erlebnisse mit gleichem Ablauf und vor allem gleichem Ausgang mehrmals wiederholen, wann Aggression erfolgsversprechend ist. Ganz nebenbei durch Zuschauen und Zuhören, durch Nachahmung und schließlich auch durch variationsreich selbstgemachte Erfahrungen lernt es, in welchen Situationen es sich als günstig erweist, aggressiv aufzutreten, um ans Ziel zu gelangen. Oder auch, je nach dem Ausgang des Geschehens, daß man sich das nächste Mal besser ganz anders verhalten sollte, weil sonst das Auto, der Platz auf der Schaukel oder die Sympathie der Mitspieler, ehe man sich versieht, womöglich verloren sind. Es lernt aber auch, das nächste Mal schon allein deshalb ein anderes Vorgehen zu wählen, weil die Erzieherin bei solchen Aktionen immer einschreiten wird. Denn offensichtlich scheint ein derartiger Weg ganz ungeeignet zu sein und keinesfalls zum gewünschten Ergebnis zu führen, vielleicht sogar nur zu Tränen, eigenen oder fremden.

Aggressionen gehören zum Kindergartenalltag wie Spielen, Singen, Lachen und Neues Ausprobieren, weil Aggressionen zum menschlichen Verhalten gehören. Der Kindergarten soll ein Hort der Geborgenheit sein, die Familie als wichtige Erfahrungsmöglichkeit ergänzen und die Chance für neue Bezugspersonen und immer vertrauter werdende Spielkameraden bieten. Aber er ist kein konfliktfreier Ort. Und das ist auch richtig so, denn nur dann kann man lernen, daß Konflikte und ihre Bewältigung zum sozialen Miteinander gehören, keine Katastrophen bedeuten müssen, sondern nach Schimpfen, Beleidigung und „Wunden-Lecken" nach einiger Zeit und mit Hilfe nachfühlender, vermittelnder Menschen wieder Gemeinsamkeiten möglich sind. Das bedeutet auch, den Kompromiß als Zaubermittel kennenzulernen. Oder die Erfahrung, wie harmlos und wichtig auch mal Nachgeben und Verzichten sein können, die anfangs nur als Demütigung empfunden werden. Aber auch die andere Möglichkeit, wie ein Konflikt enden kann, sollte am eigenen Leib verspürt worden sein: das herrliche Gefühl, gesiegt zu haben, seine Meinung bestätigt, sich also aus gutem Grund durchgesetzt zu haben.

3.2 Das Thema Aggression läßt uns neuerdings aufhorchen

Haben Sie schon gemerkt? Beim Thema Aggression sind wir in den letzten Jahren hellhöriger geworden. Viel sensibler reagieren wir, wenn aggressive Beweggründe für ein Handeln vermutet werden, vor allem, wenn es sich um Taten von Kindern handelt. Aggressionen sind auch in der Öffentlichkeit ein zunehmend aktuelles Thema. Gerade in den letzten Jahren rütteln regelmäßig populäre Veröffentlichungen auf und fordern dazu auf, in den verschiedensten Berufsgruppen über dieses Problem intensiver nachzudenken.

Legt man die Anzahl dieser Artikel zugrunde, so scheint die Aggression in Schulen eine große Gefahr für die Kinder, wenn nicht sogar für das ganze Schulsystem zu sein. Ein Scheitern bei dieser pädagogischen Grundaufgabe stellt alle darauf aufbauenden pädagogischen Höhenflüge in Frage. Und glaubt man den Presseberichten, so kann meist nicht mehr von Aggression die

Rede sein, sondern Gewalt, Destruktivität und Delinquenz wären die passenden Begriffe. Schülern und Schülerinnen mit ungeheuer viel Wut im Bauch stehen Schüler und Schülerinnen gegenüber, die eine dauernde Angst vor Konflikten und Angriffen durch ihre Mitschüler haben. Beide Gruppen sind Betroffene, die von einer erfolgversprechenden Beteiligung am Unterricht und vom für ihre Altersgruppe so wichtigen Gemeinschaftserleben ausgeschlossen sind.

Am meisten diskutiert wird die Frage: Wie groß ist das Problem Aggression wirklich? Hat die Aggressivität von Kindern und Jugendlichen im Vergleich zu den Ergebnissen älterer Untersuchungen über Aggressivität tatsächlich zugenommen? Falls ja, dann wäre dies – den Tenor der Veröffentlichungen aufgreifend – beunruhigender, und es müßte früher, schneller und vor allem wirkungsvoller gehandelt und Einhalt geboten werden, als wenn die Zahlen auf gleich hoch geblieben wären. Aber muß das Thema wirklich nur dann richtig ernstgenommen werden, wenn eine eindeutige Verschlechterung, eine Veränderung zum Negativen stattgefunden haben sollte? Müßten wir also erst dann richtig handeln, wenn die Zahlen eindeutig eine Zunahme an Aggression belegen könnten? Ist es nicht Anreiz genug, nach Veränderungen und Lösungen zu suchen, wenn wir deutlich sehen, daß Täterkinder und Opferkinder unter starken Aggressionen leiden und in ihren Entwicklungsverläufen mit Beeinträchtigungen und problematischen Konsequenzen zu rechnen haben?

Aber trotzdem nochmals zurück zur Frage: Hat die Aggressivität von Kindern und Jugendlichen in den letzten Jahren zugenommen? Schauen wir in die Presse, die sich intensiv mit der Situation in den Schulen beschäftigt, so werden uns schockierende Fallbeispiele präsentiert. Immer mal wieder wird davon gesprochen, daß sich die Zahl der Gewalttaten in Schulen fast verdoppelt habe. Eine unheilvolle Entwicklung scheint sich anzudeuten. Jeder Gewaltzwischenfall zwischen Schülern ist besorgniserregend und zwingt zum Handeln, akut wie vor allem präventiv. Unser Wissen über Gewalt an Schulen muß ausreichen, um aktiv zu werden.

Doch trotz der Brisanz der Situation muß mit Zahlenangaben mathematisch genau umgegangen werden. Es wird selten erklärt, daß es sich bei diesen Daten durchweg um absolute Nennungen handelt, aus denen nur Statistikspezialisten herauslesen können, daß sich der Zuwachs an Gewalttätern oder Gewalttäterinnen immer noch weit unter der Promillegrenze bewegt. Viel zu viele Gewalttaten, aber dennoch eine wichtige Tatsache, die genannt werden muß, nicht um die Diskussion zu verharmlosen, sondern um sie zu versachlichen.

In diesem Zusammenhang ist auch ein Blick auf die Quellen, die den jeweiligen Aussagen zugrunde liegen, interessant. Ist die Quelle für diese Zahlenangaben z. B. die polizeiliche Kriminalstatistik, so beruht sie auf Tatverdächtigen, nicht auf Tätern. Würden zum Beispiel „nur" die Verurteilten herangezogen werden, würden die Zahlen weniger dramatisch aussehen. Allein diese Besonderheit erklärt schon einen Teil der Fall-Zunahmen der letzten Jahre, da früher fast ausschließlich Verurteilungen genannt wurden.

Weitere beachtenswerte, aber leider wenig beachtete Zusammenhänge sollten wir kennen, wenn wir mit diesen Zahlen wirklich argumentieren wollen. Zu jedem aggressiven Akt gibt es eine Bewertung durch die Umwelt. Diese kann in ihren Konsequenzen für Täter und Opfer entscheidender sein als die Aktion selbst und als deren direkte Konsequenzen. Es muß also, um eine realistische Einschätzung der Situation zu bekommen, auch gefragt werden, ob sich eventuell nicht die Aggressionen, quantitativ und qualitativ, verändert haben, sondern ob sich die Bewertung von aggressiven Akten durch die Gesellschaft geändert hat. Die Berichte der Massenmedien tragen zu einer allgemeinen Sensibilisierung bei. Sie schüren Ängste vor unkontrollierter Gewalt und damit auch die Bereitschaft zur aggressiven Gegenwehr. So kann die Tatsache, daß heute ein Fehlverhalten schneller bei der Polizei angezeigt wird, als eine Art aggressiver Gegenwehr der Bevölkerung verstanden werden. Eindeutig ist, daß wir zunehmend sensibler werden, wenn es um heftige und wiederholte Aggressionen von Kindern und Jugendlichen geht, die sich gegen ihre eigene Altersgruppe oder sogar gegen Ältere richten. Wir akzeptieren gewalttätige Verhaltensweisen in diesem Kontext nicht mehr, Verhaltensweisen, die noch vor wenigen Jahren als üblich hingenommen oder als Mutprobe und Hörnerabstoßen im Bereich von Ritualen abgebucht worden wären. Wir sind empfindlicher geworden, da wir mehr über Risiko- und Signalverhalten wissen und deren Konsequenzen nicht mehr als gegeben hinnehmen wollen.

Ein weiterer Anlauf zur Beantwortung: Hat die Aggressivität zugenommen oder nicht?

- Einige Forscher sagen, daß der Anstieg an körperlicher Gewalt zwischen Jugendlichen genau dem Anstieg der männlichen Bevölkerungsgruppe im gewaltkritischen Alter entspricht.
- Vieles deutet auch darauf hin, daß Jugendliche nicht bedeutend aggressiver, gewalttätiger oder delinquenter geworden sind, sondern daß sich hier eine Besonderheit herauskristallisiert: Es gibt einen Kern vielfach belasteter, jugendlicher Intensivtäter. Auf diese 5 bis 7 Prozent der Täter entfallen über 50 Prozent der Gesamtkriminalität. Alle sind Wiederho-

lungstäter, die mehrmals wöchentlich zuschlagen, anderen etwas wegnehmen, sie unter Druck setzen oder etwas zerstören. Es gibt nach Aussage namhafter Aggressionsforscher keinen Anlaß, die Schule als Hort der Gewalt darzustellen, aber genau hier sind gewalttätige Kinder und Jugendliche aus Multiproblemgruppen zu finden, deren Gewalttätigkeit Auswirkungen auf die Schulgemeinschaft und gleichzeitig Modellcharakter für ihre Mitschüler hat. Eine kleine rabiate Gruppe – und das wird oft vergessen –, die das Denken und Handeln der Lehrer so stark beherrscht, daß sie vielen Reformgedanken zur Schule direkt im Wege steht.

3.3 Wer ist gefährdet, und wo fängt das Problem an?

Wenn das Problem Aggressivität in Schulen groß ist, so fällt der Blick automatisch – nach dem Motto: „Wehret den Anfängen!" – auf die Kindergärten. Wie sieht es denn dort aus? Finden wir bereits in diesem Alter Risikokinder, bei denen sich Aggressionsprobleme andeuten?

Kennen Sie derartige Sätze (aus eigenem oder fremdem Munde)?

- „Wenn unsere zwei Rabauken nicht da sind, haben wir das schönste Leben im Kindergarten!"
- „Wenn der Pascal fehlt, vielleicht sogar noch der Boris, ist die ganze Gruppe ruhiger, viel weniger Brandgefahr und viel, viel mehr tolles Spiel!"
- „Heute kommt der Sören nicht mehr!' schallt es ab einer bestimmten Zeit durch das Haus. Und sofort sind wir alle besser drauf und wagen Aktionen und Angebote, die wir sonst nie machen würden!"

- „Es gibt immer mal wieder ein Kind, bei dem sehnen wir drei Jahre lang die Verabschiedung aus dem Kindergarten herbei. Dieses Kind kommt irgendwann in die Gruppe, und nach wenigen Wochen wissen wir, das wird nie gut gehen. Durchhalten, heißt dann die Parole, und das ist traurig."

Einzelne Kinder, rabiat und unkontrollierbar, beherrschen mit ihren Aggressionen das Denken und Handeln der Erzieherinnen so stark, daß sie deren Kindergartenarbeit beeinflussen, neue Projekte nahezu unmöglich machen, da die Kraft aller für ihre Bändigung vonnöten ist. Kreativer Freiraum, die Voraussetzung, um sich an bislang Unbekanntes heranzuwagen, ist nicht mehr vorhanden. Einen Satz mit ähnlichem Inhalt kennen Sie bereits aus dem vorherigen Abschnitt, in dem es um die Schule ging. Eine kleine rabiate Gruppe, die das Denken und Handeln der Lehrer so stark beherrscht, daß sie vielen Reformgedanken zur Schule direkt im Wege steht.

Wer sich mit dem Thema Aggressivität näher beschäftigt, stellt sich bald die Frage nach der Stabilität dieses Verhaltens, in Konfliktsituationen immer wieder aggressiv oder gar gewalttätig zu reagieren. Häufige und starke Aggression scheint ein Reaktionsmuster zu sein, das bereits in ganz frühen Jahren gezeigt wird und erhalten bleibt, ja sogar mitwächst, wenn ein Kind älter und schließlich zum Jugendlichen oder Erwachsenen wird. Vorausgesetzt, niemand nimmt diese Verhaltensbesonderheiten wahr, erkennt sie als Sackgasse und greift regulierend ein, indem er sie stoppt und Alternativstrategien anbietet, um Hindernisse und Probleme mal anders aus dem Weg zu räumen als mit Gewalt. Womöglich wird die Aggression sogar noch unbemerkt durch das Antwortverhalten der Ansprechpartner verstärkt. So wird durch sich gegenseitig unter Druck setzen, mal das Kind die Eltern, mal die Eltern das Kind, aufsässiges Verhalten regelrecht antrainiert, ein Verhalten, von dem wir heute wissen, daß es ein Startverhalten für immer heftiger werdende Aggressionsausbrüche ist, mit denen die Eltern dann gar nicht mehr zurechtkommen.

Aggressionsforscher bedauern, daß viel zu wenige Untersuchungen über aggressives Verhalten in Kindergärten gemacht werden. Diesen Einrichtungen müßte viel mehr Forschungsinteresse gewidmet werden, wenn man davon ausgeht, daß die Disposition zu gewalttätigem Verhalten früh im Elternhaus zugrunde gelegt wird. Und diese Annahme gilt heute als gesichert. Es gibt inzwischen eine ganze Reihe von Ergebnissen, die eine relativ große Stabilität aggressiven Verhaltens, zuerst als kleines Kind in der Familie, dann im Kindergarten und dann weiter in der Grundschule aufzeigen. Gewaltbereite Jugendliche stellen insofern ein gesellschaftliches Dauerproblem dar, als bei ihnen früherworbene Verhaltensdispositionen sehr stabil geworden sind und Folgen – nicht nur im Sinne direkter Gewalteinwirkung – zu haben scheinen. Viele von ihnen waren Kinder, die bereits im Kindergarten als sozial auffällig bezeichnet wurden, in der Regel einige Jahre später dann massive Schulprobleme aufwiesen und nun in ihrer zukünftigen Entwicklungslaufbahn vielfältig gefährdet sind. Aus Risikokindern werden, wenn nicht eingegriffen wird, Jugendliche mit den Kennzeichen einer Hochrisikogruppe.

Wenn die Pädagogik bezüglich aggressiver Ausschreitungen wirklich präventiv wirken soll, muß sie im Säuglingsalter starten und keine Altersgruppe auslassen, wenn es darum geht, ein sozial verträgliches Maß an Aggressivität zu erwerben und im Ernstfall zur Verfügung zu haben.

Nimmt man 2 bis 8 Monate alten Säuglingen ein Spielzeug, an dem es etwas Interessantes zu sehen oder zu hören gibt, immer wieder weg, so fallen die Ärgerreaktionen beim einzelnen Kind jedesmal höchst ähnlich aus, jedoch sind sie von Kind zu Kind sehr unterschiedlich. Schon in diesem frühen Alter hat ein Kind seine typische Form, mit Verunsicherung, Mißfallen, Frustration, Ärger und Wut umzugehen und Hindernisse aus dem Weg zu räumen. Der verärgerte Michael sieht anders aus als der frustrierte Julian. Madeleine wütet immer wie Madeleine, aber eben auf ganz andere Art, als Claudia ihrem Ärger oder ihrer Wut Ausdruck verleiht.

Und dieses eigene Reaktionsmuster behält ein Kind auch in späteren Jahren bei, wenn nicht seine Umgebung mit ihm zusammen neue Erfahrungen möglich macht. Das kann ganz unterschiedlich aussehen. Beim einen Kind muß ein Wutausbruch gedämpft oder in ungefährliche Bahnen umgeleitet werden. Ein anderes Kind braucht Nachhilfe beim Wütendwerden, es muß lernen, sich und seiner Umgebung seine Verärgerung zu zeigen, ein erster wichtiger Schritt, um Problemlösungen angehen zu können.

Aggression ist also tatsächlich schon im Kindergarten ein Thema. Ein wichtiges sogar, denn nicht erst im Kindergarten wird ein kleiner Mensch erleben, mit Aggressionen, den eigenen und denen der anderen, umgehen zu müssen.

Man weiß, daß Kinder aus Familien, in denen die Befriedigung der kindlichen Bedürfnisse nicht im Vordergrund der elterlichen Interessen steht und deren Äußerungen auch vehement unterdrückt werden, häufiger und oft auch unerwartet stark aggressiv reagieren. Und man weiß natürlich auch, daß diese Kinder und ihre Interaktionsprobleme beim Übergang von der familiären Erfahrungswelt in die neue Anforderungssituation Kindergarten besonders stark zum Tragen kommen. Überall wird befürchtet, daß auch die gewaltige Zunahme des

Medienkonsums gerade in dieser Altersgruppe ihren Anteil an gezeigten Aggressionen habe. Mehr dazu im Kapitel 9.4.

Schon im Kindergarten können Risikokinder erkannt werden. Und schon zu diesem Zeitpunkt, eigentlich schon viel früher, können Hilfsprogramme für Gegenerfahrungen gestartet werden. Trotz dieser beschriebenen individuellen Stabilität müssen wir pädagogisch nicht verzweifeln. Das ererbte Temperament eines Kindes, z. B. seine hitzköpfige Veranlagung, ist nur zu einem kleinen Teil Ursache einer Aggressivität. Denn wie schnell ein Kind wütend wird und was es dann macht, hängt zwar mit seinem Temperament zusammen, doch sind die Reaktionen der Umwelt auf seine Gefühle und auf deren Ausleben mindestens ebenso einflußreich. Die Reaktionen anderer, vor allem Erwachsener, werden von den Kindern regelrecht abgefragt, um die Spielregeln des Zusammenlebens durchschauen zu können. Auch beobachten Kinder sehr genau, wie Erwachsene untereinander ihre Konflikte lösen, und nehmen Maß bei dem, der scheinbar erfolgreich aus der Auseinandersetzung hervorgeht. Das kann ein wichtiger Weg sein, um sozial verträgliche Möglichkeiten, sich auseinanderzusetzen, kennenzulernen. Auf dieselbe Weise – nur jetzt von den Erwachsenen sicher meist ungewollt und fast immer nicht durchschaut – wird aber auch gelernt, daß sich Aggression und gewalttätiges Durchsetzen lohnen kann. Wenn diese Erfahrung mehrmals gemacht wird, anderslautende Gegenerfahrungen aber ausbleiben, also nicht erlebt wird, daß auch nicht aggressives Handeln zum Erfolg führen kann, dann ist für diese Kinder in Konflikten der aggressive Weg immer der naheliegende.

Wissenschaftliche Arbeiten über Entstehungsbedingungen überbordender Aggression haben einige übereinstimmende Ergebnisse über die frühe Lebenssituation von Risikokindern zu Tage gebracht:

- Gefährdet, aggressiv und gewalttätig zu reagieren, sind Kinder, die in frühen Lebensjahren eine negative emotionale Grundeinstellung, also Ablehnung ihrer Hauptbezugspersonen erleben mußten.

Anders ausgedrückt: eine Kindheit, in der Wärme und Anteilnahme gefehlt haben und Ohnmachtsgefühle dominierten. Eine unsicher vermeidende Bindung mit 18 Monaten zur Mutter hat kombiniert mit einer nicht kindgemäßen oder gar feindseligen elterlichen Pflege und streßreichen, chaotischen Lebensumständen den höchsten Voraussagewert für auffallende Aggressivität im Grundschulalter. In diesem Zusammenhang sind besonders die Jungen gefährdet, aggressive Risikopfade einzuschlagen. Das Thema Jungen und Aggression ist besonders spannend und wird in einem eigenen Kapitel behandelt (Kap. 5.2).

Erlebt zu haben, daß die eigene Mutter unansprechbar, ja unerreichbar für die emotionalen Bedürfnisse des Kindes ist, scheint das innere Bild dieses Kindes von seiner Umgebung so negativ zu beeinflussen, daß es in zweifelhaften sozialen Situationen seine Mitmenschen als feindselig wahrnimmt und entsprechend dieser bedrohlichen Wahrnehmung für alle anderen völlig unerwartet aggressiv reagiert. Hinzu kommen Wut und Frustration über die anhaltend unerfüllten emotionalen Bedürfnisse.

- Gefährdet sind aber auch Kinder, die ihrerseits früh gewalttätige Aktionen und Reaktionen zeigen, die von den Bezugspersonen ignoriert oder gar gebilligt werden.

Manchmal ernten die Kleinen sogar ein herzhaftes Lachen darüber, daß „in einem so kleinen Mann schon soviel Kraft und Feuer steckt". Wenig später, wenn sich gewalttätiges Verhalten bereits eingeschliffen hat und keine „niedlichen" Elemente mehr aufweist, wird dieselbe Familie den Problemen mit diesem

Kind nur noch mit Gewalt Herr. Solche Kinder werden nicht auf die Außergewöhnlichkeit ihres Tuns aufmerksam gemacht, erfahren nicht deren Nicht-Akzeptanz, erleben nicht deren Nicht-Duldung. Niemand zeigt ihnen Grenzen und verweist sie im Akutfall in diese. Viel zu lange erleben sie ihre Aggressivität als ungebremst und als erfolgreich beim Durchsetzen ihrer Ziele.

- Machtbetonte Erziehungsmethoden autoritärer und inkonsequenter Eltern wirken offensichtlich auf Kinder gemäß dem Motto „Gewalt erzeugt Gewalt".

Unzählige internationale Forschungen kommen hier zu gleichlautenden Ergebnissen: Gewalt in der Familie steigert die Gewaltbereitschaft der Kinder in jedem Alter. So fördert eine einschränkend-disziplinierende Erziehung, ein aggressiver Erziehungsstil, der Demütigung und körperliche Mißhandlung miteinbezieht, Gewalt beim Kind. Eltern, die hart und vor allem unvorhersehbar bestrafen, erhöhen die Wahrscheinlichkeit, daß die heutigen Gewaltopfer zu zukünftigen Gewalttätern werden. Es genügt schon, regelmäßig Zeuge familiärer Gewalt gewesen zu sein, um Gewalt als akzeptable Möglichkeit der Problemlösung hinzunehmen, also schneller selbst zuzuschlagen und auf Provokationen sofort „herzhaft" zu reagieren. Und schon bekommt ein solches Kind das Etikett „Schläger", und ein neuer gefährlicher Weg wird eingeschlagen (siehe Kap. 9.3).

Zum Weiterlesen:
- Strätling, B.: Streiten, Teilen und Vertragen. Südwest-Verlag, München 1994.

4 Aggression kann so verschieden aussehen

Ein Tip zur Einstimmung:
Stellen Sie sich verschiedene Formen aggressiven Verhaltens vor, und beantworten Sie die folgenden Fragen für sich allein!
- Welche Aggressionen sind die gefährlichsten?
- Welche fürchten Sie am meisten?
- Was lassen Sie mit Sicherheit nicht durchgehen?
- Worüber kann man hinwegsehen?
- Was verschwindet wieder von allein?

Drei- bis viermal pro Stunde kommt es im Kindergarten zu aggressiven Auseinandersetzungen, die übrigens zumeist überraschend kurz sind. Im Durchschnitt dauern sie nur 24 Sekunden! Die meisten Konflikte sind danach tatsächlich vorbei und vergessen. Aber nicht alle. Den hartnäckigen mit Nachgeschmack und Langzeitwirkung wird ein eigenes Kapitel gewidmet (Kap. 11).

Aggressive Auseinandersetzungen können ganz unterschiedlich aussehen. Teilt man sie in vier Gruppen ein, so kommt wohltuende Ordnung in das zunächst unübersichtlich wirkende Ganze:
- *die physische Aggression*, die körperliche oder tätliche Auseinandersetzung: Hierbei geht es handgreiflich zur Sache, wobei das ganze Kampfrepertoire mit und ohne „Waffen" zum Einsatz kommen kann. Es wird körperlich angegriffen, mit aller Kraft oder nur im Vorübergehen verteidigt. Die Meinungsverschiedenheit wird ausgekämpft;
- *die verbale Aggression*, die Auseinandersetzung mit Worten, die in ihrer Wirkung und sozialen Unverträglichkeit häufig unterschätzt wird, in ihrer Treffsicherheit und Verletzungskraft mit einem heftigen Schlag aber durchaus gleichziehen kann;
- *die indirekte oder stille Aggression:* Hierbei klinkt sich jemand provokant aus der Kommunikation aus, signalisiert durch bewußtes Ignorieren und überdeutliches Desinteresse seine Ablehnung und verweigert jede soziale Interaktion. Klingt kompliziert, wird aber mühelos von Kleinkindern beherrscht. Eine Aggressionsform, die wegen ihres vergleichsweise unscheinbaren Erscheinungsbild leicht in ihrer wütend machenden Wirkung unterschätzt wird;
- *die relationale Aggression:* Durch negative Aussagen direkt zum oder indirekt über das Opfer wird dieses seines Beziehungsnetzes beraubt. Das Verhältnis eines Kindes zu Gleich-

altrigen wird angeknackst. Oder es wird sein Empfinden der sozialen Zugehörigkeit und Akzeptanz durch gezielte Kommentare massiv erschüttert.

Die hier gewählte Reihenfolge der verschiedenen Arten der Aggression entspricht ihrer Bekanntheit, nicht ihrer Häufigkeit oder Gefährlichkeit.

Die *körperliche Aggression*, der Kampf in seiner gesamten Vielfalt, ist zwar die imposanteste und daher auch aufsehenerregendste Aggressionsvariante, doch kommt sie im Kindergartenalltag erfreulicherweise recht selten vor. Die typische Vorgeschichte ist eine kurze, heftige Auseinandersetzung, oft um einen Spielgegenstand, ein Spielgerät oder auch um eine Spielidee. Der Konflikt ist fast immer – zumindest zu Anfang – ein Zweikampf. Das Ende ist nicht immer voraussehbar, aber es gibt einige Hinweise im Kampfgeschehen, die mit hoher Wahrscheinlichkeit voraussagen lassen, wer den Konflikt gewinnen wird, und wer ihn sicherlich verliert (siehe Kap. 8.3). Spontan fallen uns bei dem Begriff „tätlicher Angriff" zwei sich balgende Kinder ein, die sich mit Händen, Füßen oder Zähnen traktieren, doch ein tätlicher Angriff kann auch ohne direkten Körperkontakt ablaufen. Ein kurzes, kommentarloses Wegreißen eines Gegenstandes, der momentan begehrt ist, stellt einen Vorfall dar, der tatsächlich gänzlich ohne Reaktion bleiben kann oder aber zu vehementen Gegenaktionen herausfordert. Der umkämpfte Gegenstand steht zwischen den beiden Kindern. Beide zerren daran, jedes in seine Richtung.

Eine körperliche Auseinandersetzung lockt schnell viele Zuschauer an. Erwachsene natürlich, manche weil sie einen Kampf von vornherein unterbinden wollen, andere vielleicht auch, weil sie die Streitentwicklung beobachten und notfalls Verletzungen verhindern wollen. Aber auch Kinder kommen herbei, um zu-

zuschauen, manchmal, um für die eine oder andere Seite Partei zu ergreifen.

Ganz selten bleiben körperliche Angriffe innerhalb der Kindergartengruppe unbemerkt. Und das, obwohl viele Tätlichkeiten stumm verlaufen, zumindest anfangs. Oft machen zuschauende Kinder Spielkameraden oder die Erzieherinnen darauf aufmerksam, weil Streit nun mal etwas Spannendes ist, vielleicht aber auch, weil Aggression immer etwas Angst macht, vor allem wenn eine Eskalation oder das Einbeziehen bislang unbeteiligter Kinder droht. Dann ist es besser, andere, vor allem Stärkere und Einflußreichere, über das Geschehen zu informieren.

Zahlenmäßig an der Spitze, mit weit über der Hälfte aller Aggressionsereignisse, liegt die *verbale Aggression*. Sie umfaßt ein sehr weites Spektrum verbaler Ausdrucksmöglichkeiten, mindestens von „Du A...loch!" bis „Nein!", also völlig unterschiedlich beleumundete Kommentare. „Geh' weg!", „Gib' her!", „Laß los!", „Hör' auf!", „Bleib' da!" – das sind typische aggressive Ausrufe, die Gegner oder potentielle Gegner bereits vorab in ihrem Handeln beeinflussen, in ihre Grenzen weisen und stoppen sollen. Übrigens recht oft mit Erfolg, wenn mit überzeugender Betonung und ohne Zögern Einhalt geboten wird. Eine eindeutige Drohmimik verstärkt die Wirkung der Worte. Doch nicht immer fällt die verbale Aggression so kurz und knapp aus. Wenn jemand wütend schimpft, so kann dies minutenlang nahezu ohne Pause sein. Schimpfen, beschuldigen, beleidigen, sich beschweren, verbieten, kommandieren, sich selbst bedauern, jammern und natürlich weinen (siehe Kap. 9.2) – all das findet sich im Wortschwall. Mit Worten kann man provozieren, jemanden bis zum Ausrasten reizen; mit Worten kann man sich aber auch wehren und durchsetzen. Worte können verletzen, zurückstoßen, ausgrenzen.

Verbale Aggression kann (muß aber nicht) viel unauffälliger ablaufen als eine handgreifliche Aggression. Sie ereignet sich so nebenbei, oft bekommt außer den direkt Betroffenen kaum jemand etwas davon mit. Genau diese Besonderheit macht sie dezent, aber auf der anderen Seite auch so wirkungsvoll. Die soziale Kontrolle kann so umgangen werden oder setzt erst viel später ein. Verbal aggressive Kinder werden selten, und wenn, dann verzögert ermahnt. Ihre Aggression verletzt aber ebenfalls.

Aggression kann auch ganz still ablaufen und dennoch wirkungsvoll sein. Ohne auf direkten Konfrontationskurs zu gehen, kann man nicht antworten, nicht sprechen, nicht mitmachen, etwas nicht weiterreichen, kurz sich als Gesprächs- oder Interaktionspartner verweigern und damit die anderen gewaltig nerven. All das gehört zur *indirekten* oder *stillen Aggression*. Erst auf den zweiten Blick wird hier das aggressive Moment erkannt, obwohl der weitere Ereignisverlauf identische Reaktionen wie bei typischeren Aggressionsformen hervorbringen kann. Auch hier handelt es sich um eine Auseinandersetzung mit einem oder mehreren anderen Kindern. Auch hierbei wird mindestens eine Person vor den Kopf gestoßen, beleidigt, enttäuscht oder verletzt.

Geschickt getarnt, kann eine stille Aggression ablaufen, ohne daß es überhaupt zu einer Kontaktaufnahme kommen muß. Jemandem einen üblen Streich spielen, kann hier dazugehören. Sind Kinder hierzu überhaupt schon in der Lage? Ja, und sie wenden diese Aggressionsform vermutlich vor allem dann an, wenn sie sich in Kontexten befinden, in denen ihnen direktere Formen der Aggression nicht erlaubt werden, eine körperliche oder verbale Aggression sofort unterbunden wird, oder wenn sie sich ihrem auserwählten „Opfer" gegenüber unterlegen fühlen und überzeugt davon sind, daß sie einer Auseinandersetzung mit Fäusten oder Worten nicht gewachsen wären.

Beide Gründe können in der Kindergartengruppe eine Rolle spielen, was uns erklären könnte, weshalb diese Aggressionsform hier relativ häufig vorkommt.

Die *relationale Aggression* ist ein recht junges Gebiet der Forschung. Nicht die Aggressionsform selbst, die wird sicher schon sehr lange in der Menschheitsgeschichte eingesetzt, um Kontrahenten auszuschalten, selbst in einem besseren Licht dazustehen oder jemandem seinen Willen aufzuzwingen. Neu ist, daß diese Aggressionsform von der indirekten, stillen Aggression und der verbalen Aggression abgetrennt wurde und einen eigenen Namen erhielt. Hier läuft tatsächlich etwas Eigenständiges ab.

> Carolin sagt beim Start eines neuen Spiels zu drei weiteren Kindern im Beisein von Pauline: „Die Pauline darf aber nicht mitspielen, die ist noch zu klein, findet ihr nicht auch?" „Pauline, geh' doch mal zur Seite, wir wollen jetzt anfangen!" „Pauline, du kannst das nicht richtig, das weißt du doch genau!" „Mein Gott, die Pauline nervt heute wieder!"

Und spätestens jetzt weint Pauline, gerade so, als ob sie mit Wucht aus dem Kreis gestoßen, hinausgetreten oder an den Haaren gezogen worden wäre – und so ähnlich war es ja auch, was hier abgelaufen ist. Auf diese Art das Mitspielen zu verbieten, ist zwar dezenter, als handgreiflich zu werden, aber schreit genauso nach pädagogischer Intervention wie ein Schlag.

Hier lohnt es sich, kurz zu verweilen, um sich an dieser Stelle – quasi exemplarisch – zu überlegen, weshalb diese Aggression eigentlich abläuft. Pauline könnte das vorangegangene Spiel gestört haben. Das soll nun nicht wieder vorkommen. Aber Pauline stellt vermutlich keinen ernsthaften Gegner dar, den es auf diesem Weg klein zu halten gilt. Viele ähnlich ablaufende Beobachtungen zeigen überzeugend, daß hier zumeist eine andere Komponente bei Carolins Handeln im Vordergrund steht: Hier wird etwas überprüft. Habe ich Einfluß, wenn ich etwas sage, kann ich etwas durchsetzen, mit wieviel Widerspruch muß ich rechnen. Es geht also um das Sichern von Einfluß, und Pauline ist nur das Mittel zum Zwecke dieses Testes, morgen könnte Oskar dran sein (mehr dazu in Kap. 8).

Relationale Aggression liegt beispielsweise auch dann vor, wenn der Michael dem Peter droht, daß er nicht mehr sein Freund sein werde, wenn er nicht sofort das tue, was er von ihm verlange. Es werden also die sozialen Beziehungen genutzt, um einem Kind zu schaden. Wenn über ein gleichaltriges Kind, mit dem man böse ist, Gerüchte verbreitet werden, wenn man andere Kinder auffordert, mit einem anderen Kind nicht mehr zu spielen, wenn man durch abfällige Gesten oder Augenrollen anderen ein Zeichen gibt, wie blöd Sabine sich wieder einmal angestellt hat, dann handelt es sich um relationale Aggression, denn Beziehungspartner werden dazu benutzt, einem Kind zu schaden, um dieses einzuschüchtern.

Diese Aggressionsform findet sich bereits im Kindergartenalter und wird hier schmerzlich erlebt, da in diesem Alter die Akzeptanz durch Gleichaltrige und die Entstehung und Festigung gegenseitiger Freundschaften immer wichtiger werden.

Relationale Aggression findet weit weniger Beachtung als physische Aggression, wird auch weit weniger, wenn nicht sogar überhaupt nicht sanktioniert. Daß dieses Verhalten aber unsere pädagogische Aufmerksamkeit braucht, zeigen zwei neue Befunde. Nicht nur das regelmäßige Opfer einer relationalen Aggression leidet auf die Dauer unter dieser Aggressionsform und zeigt Entwicklungskonsequenzen, auch regelmäßige Täter und Täterinnen müssen die Erfahrung machen, daß die Gruppe sie auf die Dauer zurückweist, vermutlich aus der Angst heraus, daß soziale Beziehungen, in die sie selbst eingebettet sind, zu stark leiden könnten. Täter und Täterinnen muß hier geschrieben werden, da bei dieser Aggressionsform die Mädchen den Jungen zahlenmäßig nicht nachstehen, sie bei einigen Untersuchungen sogar übertroffen haben (siehe Kap. 5).

Welches ist die schlimmste Aggressionsform? Werden Kinder aus der Kindergartengruppe gefragt, wer denn die aggressivsten Kinder unter ihnen seien, so werden sofort diejenigen genannt, die „oft" und schnell an körperlichen Auseinandersetzungen beteiligt sind. Selbst Kindergartenneulinge kennen diese „Schläger" bereits nach wenigen Tagen namentlich (siehe Kap. 9.3). Eine nachdenkenswerte Angelegenheit, weil genaueres Beobachten zeigt, daß hier mit zweierlei Maß gemessen wird:

Eine höchstens ein-, zweimal die Woche vorkommende tätliche Auseinandersetzung schlägt auf dem individuellen Aggressionskonto weit mehr zu Buche als täglich mehrmals durchgeführte Sticheleien, verbale Beleidigungen, Zurückweisungen mit bösen Worten oder „dezente" Ausgrenzungen. Bei diesen Überlegungen geht es nicht darum, daß ein Kampf bagatellisiert werden soll. Jede körperliche Auseinandersetzung birgt ein Verletzungsrisiko, und deshalb muß man auch früh lernen, daß Stoßen, Schlagen, Ziehen, Beißen & Co. keine Überzeugungsargumente sind, die akzeptiert werden können. Doch möchte ich, daß erkannt wird, daß, wer nicht schlägt, dennoch aggressiv sein kann und genauso gestoppt werden muß wie ein „Schläger".

Zum Nachlesen:
- Paley, V. G., Mitspielen verbieten ist verboten. Gegenseitige Achtung und Akzeptanz unter Kindern. Beltz Quadriga, Weinheim 1994.

5 Böse Buben ...?

Glaubt man häufig gemachten Aussagen, so gilt:
- Ein Junge weint nie, ist frech, sportlich, tapfer, kämpft, läßt sich nichts gefallen, wehrt sich, ihm ist es egal, wie er aussieht, er ist wild, sucht mutig die Gefahr, spielt nur mit Autos, ist technisch begabt, kann rechnen – und falls er tatsächlich anders sein sollte, so ist er eben kein richtiger Junge, dann ist an ihm ein Mädchen verlorengegangen!
- Hingegen weint ein Mädchen immer gleich, ist lieb, anmutig, ängstlich, kompromißbereit, großzügig, schlägt nicht, ist geschickt, sauber, ruhig, vorsichtig, fürsorglich wie eine Mutter, spielt mit Puppen, ist sprachbegabt, charmant und fleißig – falls es nicht so sein sollte, dann ist es ein Wildfang, also kein richtiges Mädchen, sondern ein halber Junge!

5.1 Ist Aggression eigentlich spezifisch männlich?

Auf eine derart pauschale Frage, die mit Vorliebe in dieser verallgemeinernden Form gestellt wird, kann man mit einem klaren Nein antworten. Auch Mädchen und Frauen sind aggressiv. Das aggressive Verhalten von Jungen und Mädchen, und in einem noch weit stärkeren Maße von Männern und Frauen, muß viel differenzierter betrachtet werden, um hier auch nur annähernd richtige Antworten geben zu können. Ein Junge kann einem Mädchen viel ähnlicher sein als einem anderen Jungen. Und Mädchen können untereinander viel unterschiedlicher sein, als ein Junge und ein Mädchen sich unterscheiden.

Sie kennen sicher auch ganz wilde Mädchen, die sich zu wehren wissen, und ebenso auch ganz vorsichtige, liebevolle Jungen. Es gibt einfach alles. Und das macht die Sache erst richtig spannend. Wenn es heißt, die Mädchen verhalten sich mehr auf diese Weise, die Jungen machen das eher so, so handelt es sich immer um statistische Aussagen auf der Basis von Durchschnittswerten, die aus mehr oder weniger häufig bei Jungen und Mädchen erfaßten Daten errechnet worden sind.

Mit diesem theoretischen Rüstzeug gewappnet, können wir uns den Bereich Aggressionen im Kindergarten – nach Jungen und Mädchen getrennt – genauer ansehen. Was fällt bei den Mädchen auf?

- Mädchen greifen selten körperlich an, ihr Einsatz ist in den meisten Fällen auf die Verteidigung beschränkt. Sie sind häufig Opfer körperlicher Angriffe durch Jungen.
- Für Mädchen ist das Eingreifen in fremde Aktivitäten typisch, das heißt, sie mischen sich gerne und häufiger als Jungen in das Spiel oder Gespräch anderer Kinder ein und versuchen, über Kommentare, Anweisungen oder Kritikäußerungen hierauf Einfluß zu nehmen.

- Wenn Mädchen drohen, so drohen sie mit Verweigerung, so z. B. etwas nicht zu tun, nicht mehr mitzumachen, nicht mehr befreundet zu sein, nicht zu helfen, etwas nicht herzugeben.
- Mädchen unterstützen in Konflikten eher das schwächere Kind, dem sie – auf sich allein gestellt – weniger Chancen ausrechnen und das sie deshalb verteidigen.
- Mädchen regeln Konflikte durch Reden oder durch Nichtmehr-Reden. Sie bevorzugen die dezenteren Aggressionsformen (Genaueres in Kap. 4).
- Mädchen tragen Wettkämpfe nicht in körperlichen Balgereien aus. Viel eher sind Wortgefechte zu beobachten. Häufig sind auch Koalitionsgespräche im Gange, wobei die Anzahl und das Ansehen der Anhängerinnen bereits den Wettkampf – oder ist es ein Rivalinnenkampf? – entscheiden. Interessantes hierzu finden Sie in Kap. 8.1.
- Mädchen spielen fast alles irgendwann, man kann sagen, ihre Spielwahl ist geschlechtsneutral. Ganz auffallend ist, daß sie platzsparend, kreativ und kooperativ spielen, Geschicklichkeit ist eine wichtige Voraussetzung für eine beliebte Mitspielerin, während ein direkter Leistungsvergleich zwischen den Teilnehmerinnen nicht angestrebt wird. Hier machen sie sich keine Konkurrenz.

Und jetzt die Jungen:
- Jungen zeigen auffällige Aggressionsformen, sie sind heftig, laut und wild. Auf Außenstehende wirken ihre aggressiven Aktionen viel überzeugender.
- Jungen greifen sich untereinander häufiger an, als daß sie ein Mädchen angreifen.
- Jungen imponieren, das heißt sie drohen, bauen sich auf, um größer und gewaltiger zu wirken und dadurch Eindruck zu

schinden. Oft ist mit einem imposant wirkenden Zur-Schaustellen der gesamte Konflikt bereits gelöst. Imponieren ist männlich, das kann man in dieser Eindeutigkeit sagen.
- Jungen haben häufiger Streit untereinander, vor allem Besitzkonflikte und Streitereien um die Frage, wessen Spielidee die beste ist.
- Jungen „bubeln" mehr miteinander, das heißt, sie initiieren häufiger spielerische Aggressionen und werden auch häufiger dazu aufgefordert als Mädchen (siehe Kap. 7).
- Wenn Jungen drohen, so drohen sie, dem Widersacher in irgendeiner Form weh zu tun, ihm etwas kaputt zu machen oder wegzunehmen.
- Und – ein neues Ergebnis – Jungen scheinen aggressive Szenen schneller und häufiger zu imitieren. Sei es, weil Aggressionen für sie attraktiver sind, sie diese Szenen aufmerksamer beobachten oder weil ihnen diese Reaktionsweise näherliegt.
- Jungen spielen fast immer – nur ganz selten kommen Ausnahmen vor – rollentypische Spiele. Riesig ist ihr Spielfeld- und Materialbedarf. Immer geht es um offenen Wettbewerb, um Konkurrenz, Kampf, größer, schneller, besser, cooler – sonst macht es keinen Spaß.

Sind Mädchen seltener, weniger aggressiv? Klar, beides trifft zu, hätte man früher gesagt. Wann sieht man sie schon mal angreifen, womöglich mit Fäusten und Fußtritten? Wann sind sie in einen Kampf verwickelt? Selten, wirklich selten. Aber heißt das, ihr Aggressionskonto ist leer? Bekommen Mädchen keine Wut? Verteidigen sie sich nicht? Versuchen sie nie, jemandem ihren Willen aufzuzwingen?

Aber sicher doch, der einzige Unterschied scheint der zu sein, daß sie weniger schnell körperlich aggressiv werden. Körperliche Aggressionen stellen erst ihre dritte, wenn nicht sogar vierte Konfliktlösestrategie dar. Mädchen räumen Hindernisse anders aus dem Weg, beseitigen Widerstände auf ihre Weise und setzen ihre starken Seiten anders ein. Sie kämpfen mit anderen Mitteln, verbal recht oft, doch vor allem still, indirekt und „diplomatisch", indem sie das von ihnen perfekt durchschaute Beziehungsnetz zu Hilfe nehmen. Die Spielarten der indirekten und relationalen Aggression sind ihr Metier (siehe Kap. 4). Wenn man diese Beziehungskämpfe miteinbezieht, was man angesichts ihrer mit physischer Aggression durchaus vergleichbaren Konsequenzen unbedingt machen sollte, ist der Abstand gezeigter Aggressionen zwischen Jungen und Mädchen gar nicht mehr so groß.

Für diese Reaktionsunterschiede werden mehrere Ursachen verantwortlich gemacht. Einige Aggressionsauslöser und somit auch aggressive Reaktionen werden eine stärkere biologische Basis haben als andere, und deshalb bei Mann und Frau bereits unterschiedlich stark angelegt sein. Hier stehen endgültige Forschungsergebnisse noch aus. Mit Sicherheit kommen auch Erziehungsbesonderheiten hinzu, die für Jungen und Mädchen unterschiedlich aussehen.

Eine Spielplatzbeobachtung wird Ihnen zeigen, wovon die Rede ist:

> Ein etwa dreijähriges Mädchen, Anna, spielt mit Eimer, Schaufel und einigen Sandförmchen im Sandkasten eines öffentlichen Spielplatzes. Zum Stürzen des Sandkuchens legt sie ihre Schaufel kurz beiseite. Ein anderes Mädchen, das bislang mit einem Holzpferd im Sand gespielt hatte, greift nach der abgelegten Schaufel und beginnt, einen Graben um ihr Pferd auszuheben. Anna beobachtet kommentarlos ihr Tun. Als ihre Nebensitzerin jedoch beginnt, die Schaufel mit den Händen im Sand zu vergraben, sagt Anna: „Das ist meine

Schaufel, ich brauch' sie wieder!" Sofort eilt Annas Mutter von der Bank zum Sandkasten, packt Anna unsanft am Arm und sagt mit lauter Stimme: „Anna, sei nicht schon wieder garstig! Du kannst deine Schaufel doch mal kurz dem anderen Mädchen geben. Jetzt sei lieb, sonst gehen wir heim!"
Einige Minuten später steigt ein etwa dreijähriger Junge, Hannes, bepackt mit einem Plastiklastwagen mit Anhänger in den Sandkasten. Seine Mutter bleibt am Sandkastenrand sitzen und unterhält sich mit einer Bekannten. Beim Fahren im Sand kuppelt sich der Anhänger immer wieder vom Lastwagen ab. Zwei andere Jungen nutzen die Gelegenheit und schaufeln Sand auf die Ladefläche des steckengebliebenen Anhängers. Hannes springt auf und schreit: „Hört sofort auf, ihr Knallis!", reißt seinen Anhänger zu sich und spielt weiter. Seine Mutter ruft: „Hallo, Schatz!" und winkt dem aufschauenden Hannes lächelnd zu. Zu ihrer Bekannten sagt sie: „Ich bin ja so froh, daß er endlich anfängt, sich zu wehren, der hat sich ja von allen Kindern alles gefallen lassen!"

Zwei fast identische Situationen, zwei Kinder, das eine Mal ein Mädchen, das andere ein Junge, verteidigen – das eine Mal sachlich und dezent, das andere mal herzhafter – ihr Eigentum. Zwei völlig unterschiedliche Reaktionen der Bezugspersonen folgen darauf. Einmal Bestrafung für Aggression und Androhung des Spielabbruchs, das andere Mal Bestätigung für Aggression und Anerkennung dieses Handelns. Wie wird sich das Mädchen in der nächsten vergleichbaren Situation verhalten, wenn es nicht wieder Anstoß erregen möchte? Sicher anders als der Junge. Ein überzeugendes Beispiel, das zeigt, daß der Einsatz oder Nichteinsatz offener Aggression sicher nicht nur durch die Gene, sondern auch ganz wesentlich durch die Erziehung dirigiert wird.

Es ist spannend, sich zu überlegen, warum Mädchen weniger offen und weniger körperlich aggressiv sind:
- Bei Mädchen wird offenes aggressives Verhalten, also vor allem körperliche und beschimpfende verbale Aggression, konsequenter unterbunden als bei Jungen. In diesem Punkt kommen alle Untersuchungen zu ähnlichen Ergebnissen. Aggressionen von Mädchen werden schneller wahrgenommen, kommentiert und unter Strafe gestellt. Der erste Grund, weniger offene Aggression zu zeigen und auf Formen getarnter Aggression auszuweichen.
- Mädchen trauen sich kämpferisch wenig zu. Sie unterschätzen ihre Kraft und ihre kämpferische Fähigkeiten. Schlagen sie einen Jungen tätlich oder mit Worten in die Flucht, sind sie selbst über den Erfolg am meisten überrascht. Sie halten Jungen immer für schneller, stärker und mutiger als sich selbst, was aber allein darauf beruht, daß sie genau diese Aussagen immer zu hören bekommen und nicht daran zweifeln. Stimmen tut es nicht, mindestens noch das gesamte Grundschulalter über stehen sie Jungen in Kraft und Schnelligkeit in nichts nach. Verlangt der Wettkampf eine hohe körperliche Geschicklichkeit, so sind sie den Jungen sogar überlegen.
- Der dritte Grund, warum Mädchen weniger offen und weniger körperlich aggressiv sind, hat mit dem Phänomen der sozialen Kontrolle durch die Gleichaltrigen zu tun. Niemand akzeptiert eindeutig aggressive Mädchen. Noch nicht einmal die Mädchen untereinander. Ein schlagendes und schimpfendes Mädchen gerät leicht in eine Außenseiterposition und ist von niemandem die beste Freundin. Selbst wenn den „Peers" angesichts einer mutigen Aktion kurz der Mund vor Bewunderung offensteht, sogar mit „Hochachtungsmimik" kurz genickt wird, spüren alle, daß dieses Mäd-

chen irgendwie nicht so richtig in die Gruppe paßt. Wahrscheinlich ist es einfach zu aggressiv!

Wagen wir uns an eine Kurzcharakteristik von Mädchen und Jungen.

Irgendwann zwischen vier und sechs werden Mädchen aus Jungensicht blöd, dürfen nicht mehr mitspielen, werden geärgert, geplagt. Ihre feinmotorischen und sozialen Fähigkeiten werden gefördert, sie stehen weniger im Mittelpunkt, können sich mühelos anpassen und selbstregulatorisch zurücknehmen.

Irgendwann zwischen vier und sechs werden Jungen wild, grob, rücksichtslos, lassen ein Mädchen nicht mehr mitspielen. Feinmotorische und soziale Unfähigkeiten kleiner Jungen werden mit Nachsicht behandelt. Eltern erlauben ihren Söhnen viel eher, sich zu wehren, auch mit körperlichen Mitteln. Sie bekommen mehr Zuwendung, Ansprache und Unterstützung.

Kein Wunder, daß Mädchen mehr Passivität und Wehrlosigkeit entwickeln, nur verbal aggressiv sind und sich selbst für schwächer halten als gleichaltrige Jungs. Typisch ist ihr mangelndes Selbstbewußtsein, die Angst aufzufallen, und ihre Passivität in Entscheidungsprozessen, ihre permanenten Versuche, Konfrontationen auszuweichen.

Jungen haben es aber auch nicht leicht: Sie sind z. B. bei Schuleintritt weder größer noch stärker, beim direkten Leistungsvergleich nicht unbedingt besser als Mädchen. Doch von ihnen wird Stärke und Durchsetzungsvermögen erwartet. Sie dürfen nicht schwach, unterlegen, nicht still und schüchtern sein, was sie zwischen Größenwahn und Selbstzweifeln schwanken läßt. Eine Situation, in der sie Schwächen und Ängste mit Gewalt bekämpfen müssen, weil darüber – wie über alle Dinge, die mit Emotionen zu tun haben – mit Sicherheit nicht gesprochen wird!

Übrigens: Mädchen *dürfen* bei Jungen nicht mitspielen. Jungenspiel wird durch Mädchenausschluß aufgewertet! Jungen *wollen* bei Mädchen nicht mitspielen, nennen Mädchenspiel doof; es wäre peinlich, dabei gesehen zu werden, es wäre fürchterlich, im Vergleich zu den Mädchen schlecht abzuschneiden! Ein faszinierendes Beispiel für Verhaltensunterschiede geprägt am Selbstbild und an der Erfahrung. Durch diese Einschränkungen von außen oder durch diese Selbsteinschränkung entgehen beiden Seiten wichtige Erfahrungen.

Der Sozialisationsverlauf von Jungen und Mädchen ist immer noch grundsätzlich verschieden, durch unsere soziale Kontrolle werden den „beiden Geschlechtern" unterschiedliche Ressourcen und Strategien zum Erlangen von Lebensfreude und zur Problembewältigung mit auf den Lebensweg gegeben. Die Folge: der bewußt in Kauf genommene Verzicht auf die volle Breite des menschlichen und individuellen Potentials. Eine erweiterte Geschlechtsidentität zu bekommen, wird immer schwieriger. Vor allem den Jungen fehlt es in den ersten zehn, fast ausschließlich durch Frauen geprägten Lebensjahren an präsenten, aktiven und attraktiven männlichen Vorbildern zum Aufbau einer eigenständigen Geschlechtsidentität, die nicht nur als „anders als die Mädchen/Frauen" definiert ist.

Es geht nicht darum, daß Mädchen genauso werden sollen wie Jungen oder Jungen wie Mädchen, sondern darum, daß bei Mädchen und Jungen durch Angebotsvielfalt Bereiche gefördert werden, die im Zuge der üblichen Geschlechtersozialisation aus Tradition oder unbeachtet zu kurz kommen.

5.2 Warum haben Jungen mehr Probleme?

„Das aggressive Problemkind ist männlich."

Die meisten von Ihnen werden mir das aus Ihrer Erfahrung bestätigen können. Das aufgrund seiner ungezügelten Aggressionen zum Gruppenproblem gewordene Mädchen ist viel seltener. Wenn das Kind älter wird, die Aggressionen zunehmen und sich Gewalttätigkeit und Destruktivität daraus entwickeln, dann ist fast nur noch von Jungen bzw. Männern die Rede.

Der am häufigsten und einheitlichsten genannte Risikofaktor für die Entstehung von Gewalttätigkeit ist „männliches Geschlecht". Wieso prädisponiert die Tatsache, ein Junge zu sein, eher dazu, gewalttätig und destruktiv zu agieren und zu reagieren, während das weibliche Geschlecht als solches bereits ein Schutzfaktor gegen Gewalttätigkeit und Destruktivität darzustellen scheint?

Das höhere Aggressionspotential der Männer ist für alle Altersstufen nachgewiesen worden, ein Befund, der stammesgeschichtliche, physiologische und kulturelle Wurzeln hat. Aber gibt es weitere Gründe, weshalb Jungen von antisozialem und gewalttätigem Verhalten stärker betroffen sind? Einige davon, die bereits im Kindergarten bemerkt und zumindest teilweise aufgefangen werden können, möchte ich hier nennen.

An erster Stelle wird der Einfluß der *Jungensozialisation* diskutiert. Mit ihr werden traditionsgemäß nur unzureichende männliche Strategien zur Emotionsbewältigung erreicht. Sie zementiert Defizite im Bereich der emotionalen Wahrnehmung und vor allem bei der Aufnahme und Integration emotionaler Persönlichkeitsanteile in das Selbstverständnis des Mannes. Eine Stärkung sozialer und emotionaler Kompetenzen während Kindheit und Jugend, die Fähigkeit, Gefühle wahrzunehmen und auszudrücken, sich in die Erwartungen seines sozialen Gegenübers einfühlen und auf diese eingehen zu können, würden hier große Veränderungen ins Positive bringen.

Ansätze eines Umdenkens sind vorhanden, doch angesichts der Konsequenzen passiert noch viel zu wenig in diesem Bereich. Forschungsergebnisse zeigen uns, daß Jungen mit emotionalen Problemen besonders leicht verletzbar sind. Hinzu kommt noch, daß gerade sie in ihren Familien in ihrer näheren sozialen Umgebung wenig feinfühliges und wenig antwortbereites, zugewandtes Erziehungshandeln vorfinden. Bei jeder erneuten Konfrontation mit belastenden, negativen Gefühlen erhöht sich die Wahrscheinlichkeit, daß sie mit Kontrollverlust und nicht mehr zu steuernden Impulsen zu kämpfen haben. Fehlverhalten und disruptive Verhaltensstörungen wie Aggressivität sind die Folgen. Inzwischen wird bereit, in Fachkreisen diskutiert, ob das nicht vielleicht ein gewichtiger Grund dafür sein könnte, daß Jungen Jungengruppen bevorzugen. Mädchen wären von sich aus viel eher bereit, auch mit Jungen zu spielen, doch geben ihnen die Jungen selten die Gelegenheit dazu. Nur unter Jungen zu sein, macht es möglich, belastende Emotionen in der Gruppeninteraktion möglichst gering zu halten. Keiner spricht über Gefühle, jeder arbeitet mit Schutzwall, keiner legt Wert darauf, in die Gefühlstiefen zu gehen.

Mädchen wie Jungen müssen lernen, mit Aggressionen umzugehen. Doch speziell die Jungen brauchen als Vorvoraussetzung zuerst einen Basiskurs in „Gefühle zeigen, Gefühle erkennen" (Kap. 10.2).

5.3 Übrigens, 99 % der Erzieher sind weiblich. Und das hat Konsequenzen!

Fortbildungsreferenten bzw. -referentinnen für verschiedene Berufsgruppen zum Thema Aggression bauen erfreulicherweise immer öfter in ihre Einheiten auch Selbsterfahrungen mit ein. Wie diese aussehen, ist ganz unterschiedlich, abhängig vom Ausbildungshintergrund und auch vom Mut der Anbieter. Spannend sind alle. Eine für mich bezüglich des Ergebnisses besonders beeindruckende Aufgabe ist folgende:

Die Teilnehmer und Teilnehmerinnen bekommen den Auftrag, miteinander zu kämpfen. Sogar mit Waffen, und zwar z. B. mit Isolierhüllen für Heizungsrohre. Diese wirken imposant, sind aber völlig ungefährlich. Meist kämpfen Männer gegen Männer und Frauen gegen Frauen. Am besten in getrennten Räumen, damit beide Geschlechter unter sich sind oder – was wichtiger ist – ohne Zuschauer vom anderen Geschlecht.

Wagen Sie vor dem Weiterlesen eine Prognose: Was passiert im Frauenraum, was im Männerraum? Identisches, Unterschiedliches?

Die Männer kämpfen ohne große Aufwärmzeit mit viel Spaß miteinander. Jeder gemäß seinem Temperament, seiner Geschicklichkeit und seinem Einfallsreichtum. Lautmalerisch werden die Aktionen ausgestaltet. Man ist sofort „per du" untereinander. Manch einer bekam schon in dieser Szene einen Spitznamen, der bis zum Kursende verwendet wurde. Zorro, der edle Ritter, der Kampfclown.

Die Frauen kämpfen zuerst einmal gar nicht. Sie unterhalten sich über Konflikte, Aggressionen, Körperlichkeit, Handgreiflichkeiten und über das Überwinden von Hemmungen. Beginnen tatsächlich zwei Frauen einen Kampf, so kann man mit großer Wahrscheinlichkeit davon ausgehen, daß beide sich bereits vor dem

Kurs gekannt haben, sich sympathisch sind. Erst auf eine weitere Ermunterung hin machen sich einige Frauen pflichtbewußt ans Kämpfen. Vorsichtig wird hantiert. Immer mit einem (entschuldigenden? entwaffnenden?) Lächeln auf dem Gesicht, mit geröteten Wangen, gleich anfangs schon, also nicht aufgrund der Anstrengung, sondern wegen der peinlichen Momente, die in dieser Körperaufgabe versteckt sind. „Erschrecken Sie bitte nicht, ich greife jetzt an!" ist das schönste mir in diesem Zusammenhang überlieferte Zitat. Irgendwann kämpfen die Frauen, manchen macht's Spaß, manchen merkt man den Widerwillen an. Alle achten darauf, daß sich nur die Waffen gegenseitig berühren. Touché ist selten. Dankbar wird der Schlußpfiff angenommen.

Um das Bild wieder zurechtzurücken: Ganz anders sieht die Situation aus, wenn Frauen aufgefordert werden, ein Wortgefecht zu führen. Hier steigen sie so ein, daß man nur hoffen kann, daß der Teamleiter bzw. die Teamleiterin über gruppendynamische Fähigkeiten verfügt. Und wer glaubt, man könne Frauen nicht durch eine Wettbewerbsaufgabenstellung in Gruppenkonkurrenz und zu begeisterter Leistungsbereitschaft bringen, der irrt sich gewaltig. Für ihre Gruppe machen sie alles, aggressiv durchaus, aber zu körperlichen Auseinandersetzungen nicht bereit, nicht in der Lage. Warum? Wir kennen die Antwort bereits:
- Sie durften es nie.
- Sie dachten und denken, sie könnten es nicht.
- Sie bewerten es zu negativ, um es selbst einzusetzen.
- Sie rechnen, falls sie sich überwinden würden, mit einer negativen Fremdbewertung und mit einer Niederlage.
- Sie gestehen sich derartige Aggressionen nicht zu.

Die Studie des Deutschen Jugendinstituts „Konflikte unter Kindern. Erzieherinnen berichten aus ihrem Alltag" schreibt zu diesem Thema:

„Viele Erzieherinnen können körperliche Auseinandersetzungen unter Kindern nur schwer aushalten, weil sie selbst als Mädchen damit keine Erfahrungen gesammelt haben, oder wenn, dann nur als Opfer." (Dittrich/Dörffler/Schneider 1997, S. 18)

In alter Mädchentradition haben Erzieherinnen Probleme mit körperlich ausgetragenen Konflikten. Entweder wurde ihnen als Mädchen das Verzichten und Nachgeben als Ausweichstrategie angesichts eines bevorstehenden Kampfes beigebracht, oder es trat auf den Hinweis: „Regelt das unter euch!" tatsächlich der Regelfall ein: Die Jungen setzten sich durch, die Mädchen gaben nach. Um etwas zu kämpfen, womöglich mit Körpereinsatz, war (ist?) für Mädchen nicht vorgesehen.

An dieser Stelle weiterzudenken, halte ich für sehr wichtig, wenn wir einen realistischen Umgang mit Aggressionen im Kindergarten anstreben. Dieses Nachdenken wird vor allem in Kap. 12 stattfinden. Ein wenig möchte ich die Diskussion jedoch schon an dieser Stelle anregen:

- Wenn kleine Jungen ihre Konflikte bevorzugt kämpferisch lösen, Erzieherinnen jedoch aufgrund ihrer eigenen Konfliktvorgeschichte und Opferphantasien mit körperlicher Aggression nicht klarkommen, besteht dann nicht die Gefahr,
  - daß die handfesten Auseinandersetzungen der Jungen überbewertet werden?
  - daß die nicht-körperlichen Aggressionsformen der Mädchen zu wenig beachtet, und die Akteurinnen somit auch nicht in sozial verträgliche Grenzen verwiesen werden;
  - daß die „Auf-einem-Auge-blind-Situation" der Erzieherinnen sich als Erfahrungseinschränkung auswirkt, die vor allem die Mädchen in ihrer passiven Opferrolle verharren und auf indirekte Strategien ausweichen läßt, die eine direkte und offene Aggressionsäußerung unmöglich machen;

– daß ein Kindergarten, in dem Frauen und Männer erziehen und Vorbildrollen übernehmen – auch beim Konfliktlösen – ein breiteres Strategienspektrum der Reaktionsmöglichkeiten anbietet?

Zum Weiterlesen:

- Dittrich, G./Dörffler, M./Schneider, K.: Konflikte unter Kindern. Erzieherinnen berichten aus dem Alltag. Deutsches Jugendinstitut 3/97, München 1997.
- Permien, H./Frank, K.: Schöne Mädchen – Starke Jungen? Lambertus, Freiburg 1995.
- Rohrmann, T./Thoma, P.: Jungen in Kindertagesstätten. Ein Handbuch zur geschlechtsbezogenen Pädagogik in Aus- und Fortbildung. Lambertus, Freiburg 1998.
- Schnack, D.: Kleine Helden in Not. Jungen auf der Suche nach Männlichkeit. Rowohlt, Hamburg 1990.

6 Aggression hat immer eine Ursache, die es aufzuspüren gilt

Wie ein Blitz aus heiterem Himmel, so ereignen sich Aggressionen nicht! Auch wenn man den Hergang des Geschehens nicht mitverfolgt hat, erst wenn es bereits brennt, auf die Sache aufmerksam geworden ist, so kann man getrost davon ausgehen, daß nicht plötzlich er oder sie „grundlos" losgeschlagen oder losgeschimpft haben. Aggressionen haben immer eine Ursache. Und keineswegs immer dieselbe!

6.1 Aggression ist vielursächlich

Stellen Sie sich eine typische Kindergartenszene vor, vielleicht als Fotografie:

Zwei Kinder sind in einen Kampf verwickelt. Eines hebt den Arm zum Schlag, das andere duckt sich leicht und versucht, den drohenden Schlag abzuwehren oder ihm auszuweichen. Die Gesichter der beiden Kontrahenten sehen Sie im Moment nicht. Wie könnte die Vorgeschichte ausgesehen haben? Was kann sich alles hinter dieser einfachen, jedoch keineswegs eindeutigen Szene verbergen?

- Hier wird ein Kind angegriffen, weil es vielleicht vorübergehend im Besitz eines begehrten Spielzeugs war, dieses aber nicht abgeben wollte. Beim Versuch, es ihm abzunehmen, war ihm auch noch wehgetan worden, so daß es jetzt aus Wut und Schmerz zum Schlag ausholt (*Aggression aus Gründen der Verteidigung der eigenen Person und des Besitzes*).
- Ein Kind wird beim Spielen und Toben grob in die Ecke gedrängt, bekommt in dieser Situation, in der alle immer näher kommen und es immer mehr an die Wand gedrückt wird, Angst und schlägt nun in Panik auf das am nächsten stehende Kind ein (*Aggression in auswegloser Situation, in Panik*).
- Noch eine weitere durchaus denkbare Interpretationsmöglichkeit der Szene: Ein Kind droht nach einer Meinungsverschiedenheit mit einem Schlag, um auf diesem Wege herauszufinden, ob es in der Lage ist, das andere Kind einzuschüchtern, zum Rückzug oder Nachgeben zu bewegen. In diesem Fall würde es seinen Verhaltensspielraum ausloten, um festzustellen: Wo ist mein Platz in dieser Gruppe, wer hört auf mich, wem gegenüber habe ich etwas zu sagen; aber auch, bei wem muß ich aufpassen, klein beigeben, eventuell sogar zurückstecken? In Fachkreisen nennt man diese

Aggressionsform *„aggressive soziale Exploration"*, mehr dazu in Kap. 8.1.
Es ist ein *Rangstufenkampf*, bei dem zwei in der Gruppe etwa gleichhoch angesehene Kinder eine Meinungsverschiedenheit nutzen, um herauszufinden, wer von beiden momentan das Sagen hat. Der Rangstufenkampf kann sich auch ganz anderer Mittel als der tätlichen Auseinandersetzung bedienen, um eine Entscheidung über die Verteilung der Führungspositionen herbeizuführen. Hierzu Details in Kap. 8.3.

- *Aggression aus Frustration* wird häufig eine Ursache für unsere Beispielsszene sein. Unter Frustration versteht man die Folge einer Versagung, das Befinden bei Nichterfüllen eines Wunsches oder Nichtbefriedigen eines Bedürfnisses. Ein Kind ist beim intensiven Spiel mit einem Freund bereits mehrmals von herumtobenden Kindern gestört worden. Beim letzten Zwischenfall ist sogar das Bauwerk der beiden Spieler durch unachtsame Tritte kaputtgegangen, so daß das Kind nun wütend einen der Störer angreift und seine Spielinteressen zu verteidigen versucht.

- Und wie sieht es mit *nachgeahmter Aggression* aus? Die Häufigkeit ihres Auftretens wird gern unterschätzt. Ein Kind kann ein anderes auch deshalb angreifen, weil es erst vor kurzem ein erfolgreiches aggressives Auftreten bei einem anderen Kindergartenkind, auf der Straße, auf dem Spielplatz oder auch im Fernsehen gesehen hat. Nun wählt es eben diese Strategie, um aus seinem Konflikt erfolgreich hervorzugehen. In diesem Zusammenhang gilt es, die Bedeutung aggressiver Vorbilder zu diskutieren. Wo überall sehen oder erleben wir Aggressionen, die sich lohnen? Einige Antworten stehen in Kap. 9.4.

- Die Szene könnte auch der Ausschnitt einer pädagogisch besonders anspruchsvollen Aggressionsursache sein, nämlich der *Gruppenaggression*, die im Kindergarten in zwei typischen Variationen vorkommt. Ein Konflikt hat einige der Kinder in zwei sich feindlich gegenüberstehende Lager gespalten, deren jeweilige Anhänger sich, ihre Mitstreiter und ihre Interessen verteidigen. In der anderen Variante einer gruppenaggressiven Situation wird ein Gruppenmitglied von anderen Gruppenmitgliedern aggressiv ausgegrenzt, da – aus welchen Gründen auch immer – dieser „Außenseiter" als störend oder gar als gefährlich für die Spielpläne der Restgruppe empfunden wird. Die dargestellte Szene kann eine derartige Ausgrenzungsreaktion sein. Eine Situation von gefährlicher Dynamik, wie wir noch ausführlich sehen werden (Kap. 9).

- Mit einer weiteren, doch erst auf einen zweiten Blick zu klärenden Möglichkeit müssen wir noch rechnen. Dazu müssen wir die Gesichter der Kinder sehen. Lachen diese nämlich, dann wird nur gespielt, zwar recht kämpferisch, doch mit einigen ganz wesentlichen Unterschieden zum echten Kampf, zur ernsten Aggression. Intensive Spielbegeisterung, nicht Ärger oder Wut, ist die Ursache für diese *spielerische Aggression*. Um mehr darüber zu erfahren, müssen Sie in Kap. 7.1 nachschauen.

Aggressionen können viele Ursachen haben. Optimal wäre es, wenn man sie immer kennen würde, und zwar sowohl derjenige, der die Aggression verspürt, als auch derjenige, der sich die Konfliktbereinigung zur Aufgabe gemacht hat, d. h. das Kind und die Erzieherin! In Kap. 11 werden hierzu Einzelheiten besprochen. Die Ursache, warum es „geknallt" hat, ist ausschlaggebend dafür, wie und auch von wem das Problem aus der Welt geschafft werden kann. Die Vorgeschichte ist – soweit nachvollziehbar oder erfragbar – von immenser Bedeutung und auch „diagnostisch wertvoll", um Aggressionsursachen besser einschätzen zu können, aber leider ist sie meist nicht bekannt.

6.2 Aggressionen und der Faktor Zeit

Nicht immer sind Aggressionsursachen, selbst für eine gute Aggressionsspürnase, leicht zu entschlüsseln, da dabei auch der Faktor „Zeit" eine wesentliche Rolle spielt. Genaugenommen geht es um den teilweise zeitlich großen Abstand zwischen der Ursache für eine Aggression und der Ausführung einer aggressiven Handlung.

Ich meine damit die Tatsache, daß z. B. die wirkliche Ursache für die herzhafte Auseinandersetzung zwischen Kai und Tim am Mittwochmorgen im noch nichtgeklärten und somit auch nichtverarbeiteten Zusammenstoß der beiden am Freitagnachmittag eine Woche zuvor, draußen im Garten, zu finden wäre – falls jemand diese Situation und ihre Konsequenzen in voller Tragweite mitbekommen hätte.

Oder die Tatsache, daß Tim sich bereits morgens vor dem Kindergarten mit seiner Mama gestritten hatte und mit dem Gefühl, mal wieder ungerecht behandelt worden zu sein, den Kindergartentag begonnen hatte. So reichte tatsächlich eine Fliege an der Wand aus, in Form eines kleinen Mißverständnisses mit Kai, ihn zum Ausrasten zu bringen, „aus einem winzigen, ganz unbedeutenden Anlaß". Ein Mißverständnis, das ohne die im Kindergartentäschchen von zu Hause mitgebrachte Vorgeschichte mit einem folgenlos bleibenden Schubs, einem kurzem, heftigen Widerspruch, vielleicht sogar mit einem entschuldigenden Lächeln nach der Klärung abgetan worden wäre. Daß übrigens in unserem Beispiel „die Fliege an der Wand" ein verbales Verständigungsproblem ist, ist kein Zufall, sondern ausgesprochen typisch: Kinder (mit Sicherheit auch Erwachsene) mit bereits viel Wut im Bauch scheinen in dieser vorbelasteten Stimmung so irritiert zu sein, daß ihnen ganz leicht Wahrnehmungsfehler unterlaufen. Sie nehmen selektiv wahr.

Sie sehen alles von vornherein durch eine düstere Brille und interpretieren vieles fälschlicherweise als neuerlichen Angriff gegen sich. Diese besondere Wahrnehmungssituation finden Sie in Kap. 9.3 wieder.

Es kann aber auch – um nochmals ein Beispiel für den Problemfaktor Zeit zu nennen – die erst im nachhinein verständlich werdende Tatsache verantwortlich sein, daß Kai im Verlauf des Mittwochmorgens bereits mehrfach von verschiedenen Kindern, vielleicht auch von seiner Lieblingserzieherin, enttäuscht worden war (sie hatte die Kinder zwischen zwei Spielangeboten wählen lassen und sich letztlich mit den meisten anderen gegen das von Kai favorisierte Spiel entschieden!). Auf dieser Erlebnisbasis reicht nun Tims mißverständlicher Kommentar tatsächlich aus, das Faß zum Überlaufen zu bringen. In diesem Fall kam es während der über Stunden gehenden Vorgeschichte zu mehreren, den Ausbruch immer wahrscheinlicher machenden Ereignissen.

6.3 Aggressionsursachen aufspüren

Man kennt ja seine Pappenheimer! Auf diesen Satz kommen wir nochmals zu sprechen, und zwar im Kap. 9.3. Man weiß, zwischen wem es recht regelmäßig knallt. Und so ist man bei diesen zweien immer eine Spur aufmerksamer. Denn dann bekommt man mit etwas Glück bereits vorab Einblicke in das momentane Befinden der späteren Kontrahenten. Vorsicht ist angesagt!
- Wie ist die Tagesform von Katharina und Frederik heute? Sie ist gut drauf, vielleicht etwas zu aufgedreht; er kam schon etwas gereizt an und betrachtet nun den ganzen Vormittag alles mit mißtrauischem Blick.

Im für den Beobachter günstigsten Fall wird dieser sogar Zeuge der auslösenden Situation. Täter und Opfer sind zumindest für diesen Moment recht eindeutig auszumachen.

- Au weia, das muß ja Stunk geben! Katharina hat Frederik kommentarlos den statisch wichtigsten Eckpfeiler aus dem Bauwerk herausgezogen; es mußte, den Gesetzen der Physik folgend, einstürzen. Frederik wiederum mußte, den Gesetzen der Verhaltenssteuerung folgend, mit einer erhöhten Bereitschaft zur Aggression reagieren.

Mit etwas Aufmerksamkeit läßt sich beobachten, wie der begonnene Konflikt immer mehr eskaliert.

- Katharina provoziert durch Lachen, den Stein des Anstoßes triumphierend in der Hand, Frederik droht mit der Faust, Tränen in den Augen.

Einige, diese Ereigniskette abschließende aggressive Handlungen aus den Bereichen Angriff und Verteidigung werden folgen. Hier erübrigen sich erläuternde Beispiele.

Doch dieser leicht durchschaubare und dadurch einfache Weg zur Entschlüsselung der zugrundeliegenden Ursachen ist leider selten. Viel häufiger, eigentlich üblicherweise, fehlt Außenstehenden dieser klärende Gesamtüberblick. Die bereits genannte, meist starke zeitliche Verzögerung zwischen dem ursächlichen Starterereignis, das die Bereitschaft zur aggressiven Auseinandersetzung bereits steigert, und dem unmittelbaren Anlaß für aggressives Handeln erschwert die Interpretation der gerade ablaufenden Szene. Die Vorgeschichte, welche die Reaktionsstärke massiv beeinflußt, ist selten hinreichend bekannt, aber nichtsdestoweniger wesentlich: Fällt ein ärgerliches Ereignis nämlich auf einen bereits mit Enttäuschung durchtränkten Boden, wird die aggressive Reaktion bedeutend heftiger ausfallen, als wenn es das erste negativ gefärbte Erlebnis eines sonst zur vollen Befriedigung abgelaufenen Tages ist.

Dieser Zusammenhang erklärt auch, weshalb manche überaus heftige Aggression durch einen nahezu nichtigen Anlaß ausgelöst werden kann. Nichtig erscheint er einem eben nur dann, wenn man die „passende" Vorgeschichte nicht kennt. Mit entsprechender Vorerfahrung oder Vorbetroffenheit erreicht dieser aggressive Auslöser eine nicht auf den ersten Blick nachvollziehbare Reizqualität.

Der „Täter" selbst ist zumeist von seiner nie erwarteten und auch nicht beabsichtigten Wirkung überrascht. Manchmal reicht ein „Schlüsselwort", das für andere völlig neutral oder harmlos erscheinen mag, aus, einen Konflikt heraufzubeschwören. „Dikkerle" bringt das eine Kind zum Lächeln, denn es kennt das Wort als Kosenamen, das andere zum Kokettieren, ein anderes wird es ignorieren oder sich verbeten, ein wieder anderes wird aber ausrasten, weil bereits der Vater, der Bruder und die Nachbarskinder gezielt dieses Reizwort verwenden, um es zu provozieren. Mit diesem Hintergrundswissen ist seine extreme Reaktion auf „Dikkerle" dann nicht mehr ganz so unverständlich.

Zum Weiterlesen:

- Hassenstein, B.: Verhaltensbiologie des Kindes. Wötzel, Frankfurt 1999.

7 Ernst verboten, alles nur gespielt!

> In diesem Kapitel geht es um die spielerische Aggression.
>
> „Also, paß auf: Ich bin ein wilder Tiger und sitze im Urwald und warte darauf, daß du vorbeikommst. Dann springe ich vom Baum auf dich drauf, du fällst um, ich schlage mit den Tatzen auf dich ein, dann beiß ich dir den Kopf ab. Gut? Alles klar?"
>
> „Halt, wart mal! Und was ist, wenn ich auf den Boden knalle, wenn du auf mich springst?"
>
> „Dann legen wir eine Decke dahin, wo du umfällst. O.k?"
>
> „Alles klar, klasse!"

7.1 Spielerische Aggression, nicht mehr gefürchtet, sondern gefördert

Falls Sie wie ich aus Schwaben stammen, kennen Sie sicher die Aufforderung: „Komm', wir machen ein Kämpfle!" Eine Einladung zu einem kleinen Kampf, das ist eine besondere Form der Auseinandersetzung. Es handelt sich um die spielerische Aggression, eine typische soziale Verhaltensweise, am häufigsten im Peerspiel von Kindern und Jugendlichen zu finden. Es gibt die spielerische Aggression aber auch in Form von Balgspielen zwischen Eltern und Kindern und beim spielerisch-kämpferischen Tollen zwischen Verliebten.

Allen Formationen gemeinsam ist, daß immer aggressives Agieren und aggressives Reagieren nur gespielt werden. Die Lust zur spielerischen Auseinandersetzung veranlaßt die Spielpartner, sich gegenseitig anzugreifen, sich zu verfolgen, sich zu verteidigen oder voreinander zu fliehen. Alle eingesetzten Imponier- und Kampfhandlungen sind so beschaffen, daß der Spielkampfgegner bewußt nicht geängstigt oder verletzt wird.

Schaut man sich eine solche aggressive Spielhandlung genauer an, so findet man Szenen, die in ähnlicher, wenn nicht sogar identischer Form auch in ernsten Kampfszenen vorkommen könnten. Schlagen, treten, beißen, kratzen, zwicken, drohen, festhalten, jagen, fliehen, verfolgen – die Einzelelemente stammen tatsächlich aus dem aggressiven Verhalten, doch werden sie nur angedeutet oder abgeschwächt eingesetzt.

Der wesentliche Unterschied ist folgender: Es ist nicht Aggression, die zum Agieren veranlaßt, sondern Spielbereitschaft. Nicht etwas, was wütend gemacht hat, löst das Kämpfen aus, sondern Lust auf Kämpfen und Jagen. Völlig andere Bereitschaften sind also aktiviert, und völlig andere Auslösesituationen starten ein spielerisches Kämpfen und ein echtes Kampfgeschehen!

Für die spielerische Aggression gibt es charakteristische, nicht austauschbare Voraussetzungen, wenn sie klappen soll:
- Alle beteiligten Kinder wollen miteinander kämpfen.
- Die Elemente aus dem Angriffs- und Kampfverhalten treten nie allein auf. Das wäre auf der Signalebene zu riskant, könnte zu Mißverständnissen führen. Immer sind sie von Zeichen der gegenseitigen Beschwichtigung (alles in Ordnung, wir machen nur Spaß) und von Verhaltensweisen, die einen freundschaftlichen Kontakt zwischen den Kindern anzeigen, begleitet. Wichtig ist der eindeutige „Spielcharakter" der Situation.
- Die spielerische Aggression bedarf – wie jedes Spiel – eines „entspannten Feldes", um ablaufen zu können. Deshalb werden Sie spielerische Aggression am frühen Morgen kurz nach der Ankunft der Kinder sowie direkt vor der Mittagspause oder vor dem nachmittäglichen Abholtermin so gut wie nie zu sehen bekommen. Nach einer täglichen Eingewöhnungszeit in das Gruppengeschehen und bevor Ermüdung oder Anzeichen von Überlastung zu beobachten sind, sind spielerische Auseinandersetzungen am häufigsten zu beobachten.

Einen gespielten Kampf erkennen Sie gut und überraschend eindeutig. Falls Sie jetzt zweifeln, so kann ich Ihnen versichern, daß Ihre Unsicherheit nur theoretisch ist, da es viele kennzeichnende Merkmale für einen beruhigend guten Ablauf gibt, die Sie zumindest unbewußt schon häufig „gesehen" haben:
- Oft beginnt alles mit einer einstimmenden Absprache, z. B. einer verbalen oder körpersprachlichen Spielaufforderung zum spielerischen Kampf. Hierzu gehört die oben genannte Anrede: „Komm', wir machen ein Kämpfle!", oft verbunden mit auf der Stelle hüpfen, Boxandeutungen und Spiellauten.

- Ganz wichtig: Alle beteiligten Kinder lachen beim Kampf, eine Mimik, die ihr Einverständnis mit dem Spielverlauf signalisiert und auch als Beschwichtigungs- und Bindungsgeste aufgefaßt werden kann.
- In gleicher Richtung ist die Tatsache zu deuten, daß vor und nach dem Kampf, aber auch in Kampfpausen ein eher zärtlicher Körperkontakt zwischen den „Spielkontrahenten" zu beobachten ist.
- Typisch sind auch die beidseitig eingehaltenen Pausen zwischen zwei Kampfszenen, in denen man sich verschnaufen und über den weiteren Kampfverlauf besprechen kann.
- Auffallend ist der gebremste Einsatz der Körperkraft, um Verletzungen zu vermeiden, aber sicher auch um keinen vorzeitigen Spielverdruß beim zu grob behandelten Partner heraufzubeschwören.
- Zu beobachten ist auch das Akzeptieren von verbalen Stopsignalen wie „Aua!", „Nicht so stark!", „Wart' mal kurz!"
- So werden z. B. riskante Kampfhandlungen, deren Durchspielen mit Verletzungsgefahr verbunden wäre, nur angedeutet oder als „Drehbuchtext" gesprochen. („Dann würde dich mein Pfeil durchbohren und rückwärts auf den Boden werfen!", „Dann würde ich dich so fest würgen, bis du im Gesicht lila wärst!")
- Spielerische Aggression wird nicht nur innerhalb derselben Altersgruppe gespielt, sondern auch zwischen alters- und kräftemäßig recht unterschiedlichen Kindern. Oder denken Sie doch an das Extrempaar Papa und Kleinkind, die ja auch begeistert miteinander kämpfen. Um diese besonderen Spielgruppierungen zu ermöglichen und Schadensfreiheit zu gewährleisten, geben die größeren Kinder oder Elternteile ihren kleineren „Feinden" in schwierigen Situationen Hilfestellung, indem sie z. B. ihrem Verfolger über ein Hindernis hel-

fen, damit dieser sie weiterhin verfolgen kann. Ein geschickter Versuch, sich gegenseitig besser aufeinander abzustimmen, ist das sogenannte „self-handicapping" des überlegenen Spielpartners. Er behindert sich selbst, um bezüglich Geschwindigkeit und Geschicklichkeit mit seinem schwächeren Spielgegner besser übereinzustimmen. So rennt das größere Kind z. B. betont langsam, auf einem Bein hüpfend oder auf allen vieren krabbelnd hinter dem davoneilenden Kleinen her.

- Das Wichtigste bei der spielerischen Aggression ist das Spiel selbst, alles wird getan, um es aufrechtzuerhalten. Hier geht es nicht um eine Entscheidung oder gar um einen Sieg, denn dann wäre das Spiel ja aus. Das ist auch der Grund dafür, weshalb es bei der spielerischen Aggression einen mehrmaligen Rollentausch zwischen Verfolger und Verfolgtem geben kann

Zwei kämpfen.

Lachende Gesichter, fast zärtlicher Körperkontakt.

Kampfpause mit Gespräch.

und daß besonders schöne „Kampfabschnitte" mehrmals hintereinander gespielt werden. Mein schönstes Zitat hierzu: „Sterb' doch bitte noch 'mal ganz überrascht so schön tot!"

Spielerische Aggression, nicht mehr gefürchtet, sondern gefördert

Viel Wichtiges über spielerische Aggression ist bereits gesagt. Aber noch nicht alles Interessante. An dieser Stelle ein paar Zwischenfragen:
- Finden Sie spielerische Aggression eigentlich gut?
- Freuen Sie sich, wenn sie irgendwo in der Gruppe startet?
- Sagen Sie ab und zu: „Ihr habt heute ja noch gar nicht miteinander gekämpft."?
- Oder sind Sie vom Balgen und Raufen gar nicht so begeistert, weil Sie das schnelle Umschlagen von Spaß in Ernst vermuten?
- Befürchten Sie kaum mehr zu kontrollierende Eskalation und Verletzungen?
- Haben Sie die Erfahrung gemacht, daß das wilde Spiel Unruhe unter den Kindern aufkommen läßt?
- Unterbinden Sie spielerische Aggression nach Möglichkeit?
- Verbieten Sie sie immer, wenn besondere Kandidaten daran beteiligt sind (nach dem Motto: Wehret den Anfängen!)?

Falls Sie die letzten fünf Fragen eher mit Ja als mit Nein beantworten, verwundert das keineswegs. Viel zu wenige von Ihnen dürften bereits in der Ausbildung oder bei Fortbildungen von der spielerischen Aggression Positives gehört haben. Das Wissen über diese gruppendynamische Interaktionsform ist einfach noch zu neu.

Ihre Befürchtungen sind in den meisten Fällen unbegründet. Selten ist bei spielerischer Aggression pädagogisches Intervenieren nötig, aber immer ist Aufmerksamkeit angebracht. Die spielerische Aggression hat – wie man heute weiß – höchst positive Auswirkungen auf das Gruppengeschehen, ist aber durch vielerlei Störfaktoren zu beeinträchtigen.

Zuerst, inwiefern wirkt sie positiv?

- Wirken nach einem längeren gemeinsamen Spiel die Kinder etwas ausgelaugt, so ist es meist eine kleine spielerische Aggression, die wieder Spaß und neue Motivation aufkommen läßt. Sie wirkt spielgruppenstabilisierend, die Kinder spielen danach wie frisch aufgetankt miteinander weiter.
- Die spielerische Aggression ist auch eine höchst erfolgreiche Strategie, um mit einem anderen Kind in Kontakt zu kommen, ja sogar, um in eine schon bestehende Spielgruppe hineinzugelangen, was bekanntermaßen eine größere Hürde darstellen kann. Vielleicht verstehen wir Erwachsenen den Ablauf des Geschehens richtig, wenn wir davon ausgehen, daß die Kinder die Mühe eines spielwilligen Kindes, sich phantasievoll reinzukämpfen, mit einer Mitspielerlaubnis belohnen.
- Und, sicherlich für alle ziemlich überraschend, eine im Anschluß an eine echte Auseinandersetzung eingesetzte spielerische Aggression kann das Ernstverhalten in über der Hälfte der Fälle sofort beenden und ins Spiel „umleiten". Mit gespielter Aggression echte Aggression beenden. Das zeigt, welche Bedeutung Kinder dieser Aggressionsform beimessen. Zusatzinformationen finden Sie in Kap. 11.

Die spielerische Aggression ist also wichtig, aber sehr störanfällig! Wann müssen Sie eingreifen, wann besteht tatsächlich die Gefahr für Unruhe, Verletzung und Eskalation, also das Umschlagen von spielerischer in ernste Aggression? Immer dann, wenn die für spielerische Aggression wesentlichen Voraussetzungen nicht gegeben sind und deshalb Mißverständnisse drohen:

– sobald eines der beteiligten Kinder nicht mehr am Kampf mitmachen will;
– sobald nur Kampfelemente zu sehen sind, kein Lachen usw.;
– sobald die Stopsignale eines der Kämpfer vom anderen nicht beachtet werden;
– sobald kein „entspanntes Feld" vorhanden ist.

Sobald eines der beteiligten Kinder nicht mehr am Kampf mitmachen will, weil es keine Lust dazu hat, ihm nicht oder noch nicht danach ist, es sich fürchtet, oder das Kind, das es zum Kampf aufgefordert hat, nicht sein Spielvertrauen besitzt, müssen Sie einschreiten, die Kinder auf die Ungleichheit der Bereitschaft hinweisen und das nicht einwilligende Kind in seiner Ablehnung unterstützen.

Sobald nur Kampfelemente zu sehen sind, kein Lachen, Sprechen oder Aufeinanderabstimmen, also keine Zeichen der freundschaftlichen Verbundenheit und Zugewandtheit, sollten Sie den Spielwunsch beider Kinder nochmals abklären. Bestehen Zweifel, so fehlen die Voraussetzungen für ein genußvolles Kämpfchen. Irgend etwas paßt hier heute nicht zusammen.

Sobald die Stopsignale eines der Kinder vom anderen nicht beachtet werden, der Kampf nicht abgeändert oder beendet wird, ist ihr Dazwischengehen richtig und wichtig. Das werden Sie aber ganz automatisch machen, da das Ganze schon von außen nicht mehr nach einem Spiel aussieht. Das Akzeptieren der Stopsignale ist ausschlaggebend für den unproblematischen Ablauf einer spielerischen Aggression. Dieses „Fair play" lernt man offensichtlich am einfachsten als kleines Kind beim Balgen mit den Eltern am eigenen Leib, indem man erfährt, daß schon leichte Anzeichen von aufkommender Angst oder Unmut beachtet werden und auf das elterliche Verhalten Einfluß haben. So lernt ein Kind, daß miteinander kämpfen Spaß machen kann.

Aus Erfahrung wissen Sie, daß es einzelne Kinder gibt, die rote Ampeln in der Interaktion generell nicht beachten. Sie reagieren auf Stopsignale nicht, da sie diese nicht wahrnehmen, Äußerungen eines anderen Kindes generell nicht oder nur selten mitbekommen. Oder weil sie ein „Halt" nicht als für sie geltende Grenze akzeptieren, ihnen der gewinnbringende Umgang mit Grenzen nicht vertraut ist (siehe Kap. 12).

Ein weiterer Grund, weshalb auf die Beendigungsbitte des Mitkämpfers nicht reagiert wird, kann aber auch der sein, daß ein Kind gerade auf diese Gelegenheit gewartet hat, um den Gegner in schlechterer Ausgangsposition echt zu besiegen. Hier darf nicht gezögert werden: Ein sofortiger Abbruch des Kampfes und Offenlegen der böswilligen Hintergründe sind angesagt.

Vorsicht und erhöhte Aufmerksamkeit sind auch geboten, *sobald kein „entspanntes Feld" vorhanden ist,* an Tagen mit dikker Luft, wenn allen die zu großen Gruppen bewußt werden, der ungeheure Lärm auf die Nerven geht und die Pro-Kopf-Aggressionsrate sowieso ansteigt, ein Infekt sich ausbreitet und mehrere Kinder bereits „angeschlagen" sind oder vor einem spannenden Termin die aufregende Wartezeit mit spielerischer Aggression verkürzt werden soll. Das „entspannte Feld" kann auch zuerst durchaus vorhanden gewesen sein, dann aber verschwinden, da die höchst attraktive spielerische Aggression zu viele Kinder animiert hat mitzumachen und das anfängliche „Opfer" sich nun nicht mehr nur seinem auserwählten „Gegner" ausgesetzt sieht, sondern einer nicht mehr überschaubaren Zahl selbsternannter „Feinde".

Dann müssen Sie auch eingreifen, erklärend und beruhigend, in der Hoffnung, daß bald wieder bessere, für spielerische Aggression geeignetere Zeiten kommen.

7.2 Wichtige Erfahrungen im „So-tun-als-ob-Raum"

Spielerische Aggression bedeutet auch Psychohygiene. Dieser Satz sollte etwas näher erläutert werden.

Bei der spielerischen Aggression wird gekämpft, manchmal wird sogar jemand erstochen oder erschossen. Ganz genau ausgedrückt, wird aber nur so getan, als ob gekämpft, erstochen oder erschossen würde. Das Zauberwort heißt „als-ob". Fachleute der menschlichen Psyche betonen, daß die Wahrnehmung der eigenen Aggressionen, der eigenen zerstörerischen Möglichkeiten – beides ist übrigens bei jedem Kind immer vorhanden – für eine normale Entwicklung hilfreich ist, vorausgesetzt, die Aggressionen und destruktiven Potentiale verbleiben im „Als-ob-Raum". Sie werden in Spielszenen durchgespielt, in der Phantasie durchlebt, in Worte gefaßt oder in selbsterfindende Geschichten eingebaut. Egal, wie Kinder damit verfahren, die Gefühlsregungen werden zur Kenntnis genommen und dadurch bearbeitet. Und zwar so bearbeitet, daß sie weit weniger bedrohlich erlebt werden, weil es z. B. plötzlich Worte dafür gibt, alles besprechbar wird. Im „Als-ob-Raum" kann man probedenken und probehandeln. Das sind ungefährliche Vorstufen des realen Tuns; ausprobieren, ohne mit den Konsequenzen konfrontiert zu werden. Ein gesunder Umgang mit der Aggression durch die von Jahr zu Jahr verbesserte Wahrnehmung des eigenen Innenlebens und seiner Turbulenzen.

Zum Weiterlesen:

- Hassenstein, B.: Verhaltensbiologie des Kindes. Wötzel, Frankfurt 1999.

8 Erfolgreich sein, ein gutes Gefühl, das (ab und zu) sein muß

Der Ausgang eines Kampfes steht oft bereits fest, bevor die erste Hand erhoben wurde, der erste Schlag passiert. Aggressive Signale, die Schnelligkeit der Reaktion und vor allem die eigene Zuversicht in den Sieg entscheiden den Kampf bereits im Vorfeld. Gewonnen wird ein Kampf im Kopf.

8.1 Wer hat hier was zu sagen, und wer genießt Ansehen?

Kinder im Kindergarten befinden sich immer in einer Gruppe. Hierfür gelten besondere Spielregeln des Zusammenlebens. Hinter die Gruppenkulissen versucht ein Kindergartenneuling bereits in den ersten Tagen zu blicken, denn es ist für seine soziale Eingliederung und später dann für das soziale „Überleben" wichtig zu wissen, wer hier was zu sagen hat und das Ansehen aller genießt. Bereits nach einer Woche kennt ein Kind die Hierarchieverhältnisse, übrigens auch, wer das böse Kind im Kindergarten ist.

In jeder Gruppenkonstellation bildet sich selbst nach wenigen Stunden eine zumindest vorübergehende Rangordnung aus. Soziale Rangordnungen entstehen durch die Ergebnisse von Auseinandersetzungen zwischen Individuen. Der Rangstufenkampf, auch aggressive soziale Exploration genannt, gehört – wie wir schon gehört haben – zum gruppeninternen Sozialverhalten. Das gilt für die Familie ebenso wie für den Kindergarten. Das Trotzalter ist die populäre Bezeichnung für die Zeit, in der Kinder versuchen, durch ständige Provokationen ihre Aktionsgrenzen innerhalb der Familie abzustecken. Wie weit kann ich gehen, bis einer „Schluß" sagt oder auf eine andere Weise „Schluß" signalisiert? Schon vorher aufzuhören, wäre unsinnig, weil man sich Verhaltensfreiräume verschenken würde, die Grenzsignale zu ignorieren, also zu spät aufzuhören, aber auch, weil dann anschließend kein wohlgesinnter Spiel- oder Interaktionspartner mehr für Gemeinsames zur Verfügung stehen wird. Das sind wichtige Erfahrungen, die ein soziales Miteinander von Menschen mit ganz verschiedenen Bedürfnissen möglich machen.

Rangstufenkämpfe sind auch im Kindergarten wichtig, da sie zumindest zeitweilig soziale Stabilität für alle Gruppenmitglieder, die „starken" wie die „schwachen", gewährleisten. Indem ein Kind ein anderes zum Rangstufenkampf provoziert, lernt es die „Stärke" jedes Gruppenpartners im Vergleich zu sich selbst kennen und somit seine eigene Stellung in der Gruppenhierarchie realistisch einzuschätzen.

Hierzu wird keineswegs immer nur gekämpft, dieser Wettkampf läuft auf ganz verschiedenen Ebenen. Die „Stärke" muß nicht Muskelstärke sein. Auch Ideenreichtum, Initiative, Mitspielbereitschaft, Gerechtigkeitssinn und Durchsetzungsvermögen sind Eigenschaften, die bei angesehenen Kindern gefordert und geschätzt werden. Auch sie kommen mit in die Waagschale.

Ein errungener Platz in der Rangordnung der Kindergruppe ist kein Ruhekissen, er muß stets wieder neu bestätigt werden, weil immer rangniedere Gruppenmitglieder auf eine Gelegenheit warten, auf der Hierarchieleiter eine Stufe höher zu rücken.

Wie sind „ranghohe", einflußreiche, angesehene Kinder? Was fällt bei ihnen besonders auf?
- Es sind nie die Aggressivsten der Gruppe. Sie stellen sich zwar gerne und lautstark zur Schau, greifen aber selten an, da ein kurzes Drohen mit Siegermiene in den meisten Fällen bereits eine anstehende Auseinandersetzung siegreich beendet. (Siehe hierzu Kap. 8.3).
- „Ranghohe" Kinder haben zumindest in einzelnen Spezialbereichen ein überlegenes Können, meist verfügen sie über ein für ihr Alter erstaunliches Einfühlungsvermögen und über eine vergleichsweise hohe Frustrationstoleranz.
- Ihre Autorität – und sie muß vorhanden sein – beruht auf Einfluß, vor allem auf Überzeugungskraft und Beliebtheit,

die durch ein verläßliches Freundesnetz und häufige Kontaktaufnahme mit allen Kindern der Gruppe gefestigt werden.
- „Ranghohe" Kinder sind sozial attraktiv. Sie verfügen über ein reichhaltiges Spektrum an bandstiftenden Verhaltensweisen. Sie grüßen, berühren kurz im Vorbeigehen, lachen mit anderen mit, teilen, entschuldigen sich ...
- Von ihnen geht am häufigsten die Initiative für Spiele und Körperkontakt aus.
- Sie schlichten bei Konflikten und sorgen für Gerechtigkeit in ihrer Gruppe.

Wie verhält sich die Gruppe den „ranghohen" Kindern gegenüber? Was ist im Umgang mit „Ranghohen" anders?
- Sie stehen im Zentrum der Aufmerksamkeit, sie werden häufig von mindestens drei Kindern gleichzeitig angeschaut, d. h., sie genießen Ansehen.
- Sie werden häufig nachgeahmt und bewundert, sicher auch um ihre Anerkennung zu erhalten.
- Man bittet sie z. B. in Konflikten um Hilfe oder um Rat bei anstehenden Problemen. Ihre Schlichtungsvorschläge und Kompromisse werden bedeutend öfter angenommen als die von Erwachsenen. Woran das liegt, können Sie in Kap. 8.2 nachlesen.
- Ihre Kontaktablehnungen werden sofort und diskussionslos akzeptiert.
- Sie werden häufig zu Wettbewerben herausgefordert, um festzustellen, ob ihre Position weiter unangefochten ist. Es fällt auf, daß diese Kinder überzufällig häufig einer direkten Konfrontation in Form einer körperlichen Auseinandersetzung aus dem Weg gehen. Wie eine solche Situation vor sich gehen kann, zeigt dieses Beispiel:

Robin, der Boß der Kindergartengruppe, wurde an diesem Morgen bereits mehrfach von Lorenz provokant angegangen. Robin hat schon auf verschiedene dieser Angriffe reagiert. Es kam bereits zu einem Ablenkmanöver, zwei oder drei Drohungen und einem gelungenen Versuch, eine ernste Aggression ins Spiel umzulenken. Als Lorenz erneut hinter Robin herjagt und ihn dauernd an der Jacke zieht, dreht dieser sich blitzschnell um, packt den Überrumpelten und drückt ihn mit dem Rücken kurz an die Wand des Gartenschuppens. Sämtliche Augenpaare sind auf die beiden Rivalen gerichtet. Als Lorenz sich wehren will, ist Robin bereits verschwunden, klettert aufs Schuppendach – was natürlich verboten ist –, schaut sich kurz um und balanciert gewandt über den Dachfirst – was strengstens verboten ist –, und landet sicher auf dem Boden. Ungeteilte Aufmerksamkeit und absolute Bewunderung lassen ihn im Zentrum der Aufmerksamkeit stehen. Seine Position ist nicht in Frage gestellt, was Lorenz sofort verstanden hat und wohl auch akzeptieren muß.

Die Frage, warum der „Alpha" einer direkten Konfrontation mit dem „Beta" ausweicht und diesen ungewöhnlichen Weg zur Klärung der Hierarchieverhältnisse wählt, wird nicht eindeutig zu beantworten sein. Es läuft aber häufig nach diesem Muster ab. Mit Sicherheit handelt es sich hier um eine Taktik. Die demonstrierte Risikobereitschaft stärkt das Image des Anführers. Wenn er hier so mutig reagiert, wird er auch nicht kneifen, wenn es um Gruppeninteressen geht. Aber warum hat er den Konflikt auf diesem Wege ausgetragen? Ist der Kampf vielleicht nicht sein Spezialgebiet, will er deshalb kein Risiko eingehen und seine Stellung gefährden? Hält er eine klare Niederlage von Lorenz vor aller Augen für ungünstig? Möchte er die Zahl der körperlichen Auseinandersetzungen aus gruppendynamischen Gründen möglichst niedrig halten? Die Frage, weshalb er diese List zur Klärung der Rangordnung wählte, wird unbeantwortet bleiben. Was jedoch nichts daran ändert, daß es sich hierbei um einen äußerst geschickten Schachzug – typisch für ein „ranghohes" Kind – handelt.

Gruppen sind bereit, sich für die Transparenz ihrer Rangordnung und deren Veränderungsmöglichkeiten auseinanderzusetzen. Rangkämpfe bringen zwar kurzfristig, vor allem nach längeren Ferien oder bei mehreren Neuzugängen, ein destabilisierendes Moment in die Gruppe, aber nur, um nach Klärung der Verhältnisse zu längerfristiger Ruhe zurückzukehren, in der jeder seinen Platz gefunden hat. Sie erfüllen somit eine wichtige soziale Funktion.

8.2 Wie hat in Kinderaugen ein Kompromiß auszusehen?

Es ist klar, daß Konflikte keineswegs immer aggressiv gelöst werden müssen. Manchmal klappt es mit einer List, manchmal rettet der Ideenreichtum die Situation für alle Beteiligten. Sich unterordnen und nachgeben sowie die Beschwichtigung, kombiniert mit einem Kompromiß, sind andere mögliche Wege.

Nachzugeben aus Einsicht in die Undurchführbarkeit eines Plans, aus Angst vor Mißerfolg oder den drohenden Konsequenzen, kann mitunter eine recht angebrachte Problemlösungsstrategie sein. Aber eben nur mitunter. Wird dieser Weg aus jedem Konflikt gewählt, entsteht das sichere Gefühl der Unsicherheit und der Verdacht, Probleme wohl niemals zu den eigenen Gunsten lösen zu können. Eine äußerst ernüchternde Erkenntnis, die sicher nicht das Selbstbewußtsein fördert, anders auftreten und somit automatisch erfolgreicher werden läßt.

Ein anderer Weg ist die Beschwichtigung, der Versuch, die erregten Gemüter zu besänftigen und nach einem Ausweg zu suchen. Dieses Vorgehen kann von den Kontrahenten selbst gewählt werden, in der Form, daß einer der Betroffenen versucht, eine akute Auseinandersetzung abzuwiegeln, ihr die Spitze zu nehmen. Beschwichtigt werden kann aber auch von außen, am wirkungsvollsten durch andere Kinder, die als Schlichter auftreten und so eine für beide Kontrahenten akzeptable Lösung vorzuschlagen versuchen. In beiden Fällen wird angestrebt, das Problem ab jetzt auszudiskutieren und nicht weiter auszukämpfen. Man sucht nach einer Kompromißlösung, mit der beide Seiten „leben" können, sich also deswegen nicht mehr streiten oder schlagen müssen, sondern vielleicht sogar zusammen weiterspielen können.

Wie sehen derartige Kompromisse aus? Die kritische Literatur der 80er Jahre über die Erfolge und Mißerfolge der vorangegangenen antiautoritären Erziehung hatte über selbstgebastelte Kompromißlösungen zwischen Kindern eine gleichlautende Meinung: Kinder im Vorschulalter sind bei akuten, sie selbst betreffenden Konflikten noch nicht in der Lage, von allein eine Kompromißlösung zu finden. Sie können den so wichtigen Schritt aus dem Konflikt heraus noch nicht machen, der aber nötig wäre, um kurz über der Sache zu stehen und emotionslos nach einer beide befriedigenden Lösung zu suchen. Inzwischen herrscht die Meinung vor, daß es – finden *Erwachsene* den Kompromiß der Kinder nicht überzeugend – nicht unbedingt immer an deren noch unzureichender Kompromißfähigkeit liegen muß, sondern daß kindliche Kompromisse einfach ganz anders aussehen als Kompromißvorschläge von Erwachsenen.

Für Kinder ist ein Kompromiß selten eine Übereinkunft zur Lösung des anstehenden Problems, sondern vielmehr ein Handel, der weitere oder ganz andere Bereiche als den Konflikt betreffen kann. Hört man den Kindern genau zu, so ist das Ziel ihrer Diskussionen überraschenderweise nicht an erster Stelle die Lösung des anstehenden Konfliktes – der scheint inzwischen schon fast zweitrangig geworden zu sein –, sondern die Möglichkeit, auf das andere Kind, mit dem ja eine Kontroverse bestand, nun Einfluß ausüben zu können, mit ihm ins Geschäft zu kommen, ohne einen Gesichtsverlust riskieren zu müssen. Erfolgreich ist, wer andere beeinflussen oder kontrollieren kann. Und beide haben den Eindruck, daß ihnen dies gelingt. „Wenn du mir das gibst, dann mach ich das!"

Handelsabkommen dieser Art sind weit verbreitet und erfolgreich. Erfolgreich heißt in diesem Zusammenhang, daß die meisten Kinder hierauf eingehen, es sich für sie also um eine durchaus akzeptable Strategie handelt. Erwachsene erkennen nicht immer den Kompromißcharakter dieses Handels, da ihnen als uneingeweihten Zuschauern nur auffällt, daß Johanna z. B. das Streitobjekt widerstandslos hergibt, ja sogar noch zu Tims Spielecke trägt und dabei selbst offensichtlich keinen Nutzen aus der Vereinbarung zieht. Daß sie einige Zeit später freien Zugang zur Autokiste bekommt, ja sogar bei der Auswahl beraten wird, sich schließlich für das Auto entscheiden kann, mit dem Oliver schon den ganzen Morgen spielt, wird nicht mehr als Teil dieses Handels erkannt.

Hier unterschätzen wir die Kinder. Wenn es wirklich nur um Meinungsverschiedenheiten und Absprachen geht, sind sie schon weit im Selbstlösen, doch sobald eine Verletzung hinzukommt, eine physische oder eine psychische, brauchen sie noch dringend die Hilfe der Erwachsenen, als Schutz vor drohendem Ausrasten und einer möglichen Eskalation (siehe Kap. 11).

Die Strategie „Was krieg ich dafür?" klappt unter Kindern überraschend gut. Daß es sich hierbei nur um eine altersspezifisch günstige Strategie handelt, die zwischen Kind und Erwachsenem kaum erfolgreich ist („Ich laß mich doch nicht von dir zwingen, so weit käme es noch!"), mußten die Kinderforscher ebenso erst lernen, wie dies jedes Kind anhand einiger Mißerfolge mit Erwachsenen tun muß.

Greifen kindliche Versuche, einen Kompromiß zu finden, nicht, beginnt der Kampf oft von neuem. Oder – die bessere Lösung – es wird, wenn die Situation zu verfahren scheint, Hilfe von außen geholt, und zwar bei einem allseits angesehenen Kind oder bei der Erzieherin.

8.3 Wer wird Sieger? Über das Gewinnen und Verlieren

In eine aggressive Auseinandersetzung begibt man sich nur, um zu gewinnen: einen begehrten Gegenstand, Einfluß und Anerkennung, Aufmerksamkeit, Zuwendung, sein Recht oder verlorenes Terrain oder gar sein „verlorenes" Gesicht zurück. Manchmal auch nur um zu gewinnen, des Gewinnens selbst wegen! Eine Beobachtung, die man keineswegs nur im Kindergarten machen kann.

> Mehrere Sandschaufeln liegen im Sandkasten. Mario spielt mit einer davon im Sand. Julian kommt vorbei, beobachtet kurz das Spiel und beugt sich zu Mario herunter. „Gibst du mir mal deine Schaufel?" Mario schaut auf, sagt: „Nein!", deutet aber mit seiner Schaufel auf zwei weitere Schaufeln, die im Sand liegen. „Schau, da sind noch mehr!" Julian reißt ihm die Schaufel aus der Hand und läuft betont langsam weg. Mario springt schreiend auf und rennt hinterher. Als er Julian erreicht, beginnt ein Kampf. Julian kann sich entwinden und hält die Schaufel mit triumphierendem Lächeln hoch. Mario geht schluchzend zum Sandkasten zurück. Julian kommt vorbei, wirft ihm die Streitschaufel zu und – geht schaukeln.

Die Sandschaufel war Julian völlig unwichtig, er brauchte sie nicht zum Spielen. Ihm ging es allein darum, sie zu bekommen und dadurch zu dominieren. Die Frage, die ihn interessierte, war: Gibt Mario sofort nach, oder – falls nicht – komm' ich dennoch an seine Schaufel? Mit unseren Worten: Habe ich Einfluß auf ihn, oder – wenn nicht – wer ist der Stärkere von uns beiden?

Wann wird gewonnen, wann verloren? Kinder kämpfen immer mit der Vorstellung zu gewinnen. Verlieren als Möglichkeit wird nicht eingeplant. Und wenn ein Kind verliert, so ist das Geschrei oder die Enttäuschung zwar groß, aber nur kurz, auf jeden Fall nicht beeindruckend genug, um beim nächsten Konflikt vielleicht etwas bedächtiger vorzugehen.

Das Ende einer Auseinandersetzung ist nicht immer voraussehbar, aber es gibt tatsächlich einige Hinweise im Kampfgeschehen, die mit hoher Wahrscheinlichkeit voraussagen lassen, wer den Konflikt gewinnen und wer ihn höchstwahrscheinlich verlieren wird.

- Der Stärkere wird gewinnen, sagen viele, wenn sie um eine spontane Antwort gebeten werden. Jedoch sind die körperliche Kraft und motorische Geschicklichkeit – wenn nicht gerade ein Dreijähriger mit einem Neunjährigen kämpft – nicht allein entscheidend. Ein eindeutig ungleiches Kräfteverhältnis hält ein besonders wütendes Kind keineswegs davon ab zu kämpfen. Und tatsächlich siegt nicht immer der Größere und Stärkere, sondern zumeist der, der in höchster Wut und voller Überzeugung, im Recht zu sein, einen Überraschungsangriff oder Vergeltungsschlag gestartet hat, unabhängig von seiner körperlichen Schlagkraft. Er macht durch seine Entschlossenheit und sein überzeugtes Auftreten Punkte. Beides ein Signal dafür, Verletzungen notfalls hinzunehmen. Bereits der „Eröffnungsschlag" kann alles entscheiden.
- Wesentlich für Sieg oder Niederlage ist auch die Position der Kämpfenden in der Hierarchie der Gruppe. Wer angreift und wen man angreift, also Auswirkungen der Rangordnung, können eine Rolle spielen. Kommt es überhaupt einmal vor, daß ein „ranghohes" von einem weniger angesehenen Kind angegriffen wird, so reicht zumeist ein drohender Blick des „höherstehenden", um den Angreifer in seine Grenzen zu verweisen. Die Auseinandersetzung ist zu Ende, kaum daß sie begonnen hat. Ihr Ausgang ist eindeutig und unumstößlich. Ein „ranghohes" Kind braucht einem „Kleinen" gegenüber erst gar nicht richtig aggressiv zu werden, um seine Interessen durchzusetzen. Bereits das Heben der Stimme oder einige Schritte auf den Aufmuckenden zu reichen aus, die Sache zugunsten des „Ranghohen" zu klären – ganz ohne Kampf.

Anders sieht es natürlich aus, wenn zwei in etwa gleichgestellte Kinder in eine Auseinandersetzung verwickelt sind. Dann wird gekämpft, denn dann geht es ja auch um mehr als um den Teddy oder den obersten Platz auf dem Piratenschiff. Es geht um den Platz in der Gruppe, um Anerkennung und Ansehen. In diesen Situationen entscheiden oft die anderen Gruppenmitglieder durch Parteinahme mit und beeinflussen das Ergebnis.

- Das sicherste Anzeichen eines bevorstehenden Sieges oder einer drohenden Niederlage ist das sogenannte „Plus-Gesicht" oder – im anderen Fall – das „Minus-Gesicht", mit dem die Kontrahenten in den Kampf gehen. Das „Plus-Gesicht" signalisiert ein eindeutiges Drohen: Kopf, Kinn und Augenbrauen sind angehoben, der Blick ist direkt auf den Partner gerichtet. Aber auch der Oberkörper ist gestreckt und der Hals aufrecht. Ein imponierender Ausdruck, den Sie am schnellsten erreichen können, wenn Sie sich vor einen Spiegel stellen und in leicht herablassendem Ton „Na, was willst du denn, Kleine(r)?" zu sich selbst sagen. Das ist das Siegergesicht, das überall auf der Welt von groß und klein identisch eingesetzt wird. Die Überzeugung, überlegen und im Recht zu sein, sowie die Entschlossenheit zu siegen, läßt diesen Gesichtsausdruck entstehen.

Und wie sieht das Gegenteil, das „Minus-Gesicht", der bereits vorweggenommene Verlierer, aus? Er wirkt leicht geduckt, der Hals ist etwas nach vorne gebeugt oder der Kopf zwischen die Schultern gezogen. Beim „Minus-Gesicht" wird Blickkontakt mit dem Gegner vermieden, meist sind die Augen sogar niedergeschlagen. Die Brauen sind leicht gefurcht und nach unten gezogen. Es wird zwar gekämpft, doch mit diesem „Minus-Gesicht" wird sicher verloren. Vielleicht lassen Unsicherheit und Angst diese Mimik ergreifen, und Unsicherheit geht fast immer mit Verlieren einher.

- Besitzkonflikte scheinen ganz besonderen Gewinnregeln zu unterliegen. Parallel mit der Ich-Entwicklung beginnt auch die Besitzverteidigung zuzunehmen. Die meisten Konflikte, in die Kinder unter drei Jahren verwickelt sind, sind Besitzstreitigkeiten. Bei den 3- bis 5jährigen machen sie auch noch über 60 % der Konflikte aus. Es gelingt keiner Erziehung oder politischen Beeinflussung, Kinder ohne Besitzstreben großwerden zu lassen. Das liegt vermutlich daran, daß Geben und Nehmen biologisch zu unseren Mechanismen gehören, mit denen wir den Kontakt mit anderen regulieren. Bereits sehr früh sind die dazugehörigen Regeln bekannt. Ab ca. 10 bis 12 Monaten setzen Kinder Objekte bei der freundlichen Kontaktaufnahme ein. Bis sie zu Vorschulkindern geworden sind, verwenden sie das Geben, Zeigen, Vorführen, Teilen und Zuwerfen von Objekten geschickt und erfolgreich im Rahmen ihrer sozialen Strategien mit Altersgenossen und Erwachsenen. Indem ein Besitzgegenstand angeboten wird, können Konflikte beseitigt werden; aber viele Konflikte entzünden sich über den Besitz eines begehrten Gegenstandes. Kleinkinder in Gruppen benutzen faszinierenderweise bereits die Regel der Priorität, d. h., wer sich zuerst mit einem bestimmten Gegenstand beschäftigt, erwirbt damit automatisch einen vorübergehenden Besitzanspruch an ihm. Nimmt ein „Dieb" diesen „Besitz" weg, so weiß er genau, daß er gegen Regeln verstößt. Er ist deutlich unsicher, wirkt gestreßt. Lange hält seine Freude nicht vor, er verliert den „geklauten" Gegenstand in den meisten Fällen schnell wieder.

Auch das Teilen wird zumeist im 3. Lebensjahr beherrscht. Aber ein Kind gibt nur dann bereitwillig etwas ab, wenn der Antrag auf Teilen als Bitte und nicht als Forderung gestellt wird. Wenn der andere seine Anfrage so vorträgt, daß in seinem Verhalten eindeutig zum Ausdruck bringt, daß er weiß, wem eigentlich alles zusteht, er also den Besitzanspruch des anderen akzeptiert, sind seine Chancen, etwas zu erhalten, groß. Einfach wegnehmen läßt sich ein Kleinstkind nichts, es protestiert, und zwar meist mit Erfolg.

Zum Weiterlesen:

- Borgs-Laufs, M.: Aggressives Verhalten. Mythen und Möglichkeiten. dgvt Verlag, Tübingen 1997.
- Grammer, K.: Biologische Grundlagen des Sozialverhaltens. Wissenschaftliche Buchgesellschaft, Darmstadt 1988.

9 Wehe, wenn sie losgelassen!

Abertausendmal konnte bei den verschiedensten Gelegenheiten der Menschheitsgeschichte beobachtet werden, daß der einzelne Mensch nicht nur aggressiv reagiert, wenn er sich selbst bedroht fühlt, sondern auch dann, wenn Mitglieder oder Vorstellungen seines Sozialverbandes bedroht werden. Seit den Anfängen der Zeitgeschichte haben wir Beweise dafür, daß Feindschaft zwischen Menschengruppen vor allem bei unterschiedlichem Aussehen oder verschiedener Gesinnung droht. Sofort entsteht eine hemmungslose Grausamkeit gegenüber dem Feind. In Windeseile verbreitet sich die aggressive Stimmung wie ein Virus von Mensch zu Mensch. Sind erst einmal Feindbilder geschaffen, geht es nicht mehr um die Sache, jetzt wird nur noch zwischen Freund und Feind unterschieden. So schnell und unterschiedslos wie der „Andere" zum Feind wurde, so schnell kommt es zur schrankenlosen Solidarisierung mit den „Eigenen". Die Voraussetzungen hierfür sind: das Wissen um die Gruppenzugehörigkeit und das Bild von einem gemeinsamen Feind.

9.1 Die Gruppe wird zum Gegner

In diesem Kapitel soll verdeutlicht werden, daß es die ersten Ansätze zu solchen gefährlichen aggressiven Massenreaktionen schon im Kindergarten gibt und daß sie bereits nach dem identischen Muster eines Angriffes nach außen gegen den „Gruppenfeind" und einer gleichzeitigen Solidarisierung nach innen mit gleichgesinnten Gruppenmitgliedern ablaufen.

Stellen Sie sich folgende Situation vor:
Eine Gruppe von Kindern will eine Gruppe anderer Kinder angreifen, weil diese „ihren" Sandkasten, „ihren" Bauteppich oder „ihr" Bocciaspiel für sich beanspruchen oder aus irgendeinem anderen Grund zu „Feinden" geworden sind. Jetzt wird es spannend.

Betrachtet man nämlich den Wortführer der Angreifergruppe, das Kind, das ganz vorne steht, so stellt man fest, daß es seine eigenen Gruppenmitglieder die ganze Zeit über genau im Auge behält, auch wenn es natürlich immer wieder zu den „bösen Feinden" Drohsignale senden muß. Um den Angriff durchzuführen, scheint es ihm ganz wichtig zu sein, daß seine Gruppenmitglieder genauso kampfbereit sind wie es selbst und solidarisch mit ihm gegen den Feind losziehen werden. Verständlich, denn nach vorne den großen Macker darzustellen und nach hinten keine Rückendeckung zu haben, das wäre höchst unklug.

Im Gegensatz hierzu behält der Vordermann der angegriffenen Seite fast ausschließlich die Angreifer im Auge, kaum ein Blick geht zu den mitbedrohten eigenen Gruppenmitgliedern. Auch verständlich: In der Situation der Bedrohung ist die volle Konzentration auf den Gegner wichtiger als ein prüfender Blick, wie es den Mitopfern geht.

Schon in dieser Altersgruppe, die noch wenig Erfahrung mit Gruppenaggression haben dürfte, kennt man den Zusammenhang zwischen Aggression nach außen gegen den Gruppenfeind und gleichzeitiger Solidarisierung mit den eigenen Leuten. Ein naturgegebenes Programm liegt abrufbereit vor. Doch das bedeutet nicht, daß wir verzweifeln müssen, nichts gegen massensuggestive Situationen machen zu können, sondern, daß wir als Erwachsene über diese Risiken Bescheid wissen müssen, um rechtzeitig und überzeugend pädagogisch tätig werden zu können.

Eine vergleichbare Dynamik, genauso gefährlich, finden wir im Verhalten von Gruppenmitgliedern bei Strafmaßnahmen gegenüber einem Außenseiterkind:

> Bea, 4 Jahre alt, mit wenig Anschluß in der Gruppe, hatte allein im Sand gespielt und dabei die Tiefgarage einer anderen Spielgruppe ausgegraben. Dann war sie mit den freigelegten Autos weggegangen. Nach Bemerken des Zwischenfalls wurde Bea von den Garagenbauern beschimpft und angegriffen. Einer der Angreifer, Paul, näherte sein Gesicht bis auf wenige Zentimeter dem ihren und stieß sie beim langsamen Vorwärtsgehen mit der Brust immer weiter weg. Er beschimpfte sie mit dem Wort „Spielkaputtmacher". Bea wurde in den nächsten 40 Minuten bis Kindergartenende in kein Spiel einbezogen und in dieser Zeit von fünf Kindern in identischer Weise beschimpft. Als sie das Zimmer verlassen wollte, stellte sich ihr ein am Konflikt nicht direkt beteiligter Junge in den Weg, berührte mit seiner Nase fast ihr Gesicht und trieb sie mit Oberkörperstößen rückwärts in den Garten zurück. Der Vorfall wurde von Kindern der betroffenen Spielgruppe mit deutlichen Zeichen der Anerkennung beobachtet und mit einer Spieleinladung an den „Täter" belohnt.
> Doch die Sache war für Bea noch nicht ausgestanden: In den nächsten 14 Beobachtungsstunden wurde sie nie zum Mit-

spielen aufgefordert, 17mal im Vorbeigehen „Spielkaputtmacher" genannt und von sechs verschiedenen Kindern (Paul war nicht unter ihnen!) neunmal mit Oberkörperstößen rückwärts durch den Raum getrieben, ohne daß ein Konflikt vorausgegangen war. Bei vier dieser neun körperlichen Angriffe gegen Bea waren die anderen Gruppenmitglieder bereits vorab durch Blicke, Lachen und Handzeichen auf das geplante Tun aufmerksam gemacht worden.

Was ist hier abgelaufen?

- Bei den anfänglichen Vergeltungsmaßnahmen der Betroffenen gegen Bea war die Auslösesituation eindeutig zu isolieren gewesen.
- Bei den nachfolgenden Kopien der Erstattacke jedoch stand eindeutig die Anregung zur Aggression als Zeichen der Solidarisierung mit den übrigen Gruppenmitgliedern gegen die Außenseiterin im Vordergrund.

Soweit hätte es gar nicht kommen dürfen, und so lange hätte sich die Gruppenreaktion nicht ungestört aufbauen dürfen. Nachdem das Malheur mit der Tiefgarage geschehen war, hätte die Erzieherin die Kinder sofort zusammenrufen und mit ihnen gemeinsam besprechen müssen, was passiert war, und was nun am besten geschehen sollte. (Mehr hierzu finden Sie in Kap. 11.)

- Auf jeden Fall hätte die Wut auf Bea, der Ärger und die Enttäuschung über die kaputte Garage ausgesprochen werden müssen: die blöde Bea, die schöne Garage, die ganze Arbeit ...
- Bea hätte gehört werden müssen. Mit ihren Antworten hätte man sicher etwas anfangen können, z. B. mit der, daß es ganz aus Versehen passiert sei, sie gar nicht gewußt habe, daß genau hier gebaut worden sei, daß sie sich sogar noch über die vielen Autos im Sand gewundert habe. Selbst über die Ant-

wort hätte man reden können, daß sie die Garage blöd gefunden habe, weil sie nicht dabei mitbauen durfte, und daß sie deshalb alles umgegraben habe.
- Als nächstes wäre dann zu überlegen gewesen:
  - Wie könnte man so ein tolles Bauwerk gut sichtbar für alle im Sand sichern?
  - Warum hat Bea eigentlich nicht mitbauen oder die Einfahrt glattstreichen dürfen?
  - Und was müßte Bea ändern, damit sie mitbauen darf?

Sie sehen, das ist ein Konflikt, den Kinder nicht selbst lösen können. Hierbei bietet sich kein Kompromiß an. Hierbei geht es nicht um einen Gegenstand, den man nicht hat, aber haben will, oder um eine Meinung, der unbedingt zugestimmt werden soll, oder um einen Ärger, den man einfach mal jemandem „vor den Latz knallen" mußte. Hier geht es um etwas viel Komplizierteres: um das Beziehungsnetz innerhalb der Gruppe. Hätte die allseits beliebte Marlene aus Versehen die Garage ausgebuddelt, wäre sie zwar „angepflaumt" und noch einige Male vorwurfsvoll auf ihr Mißgeschick angesprochen worden, aber damit wäre die Sache auch erledigt gewesen. Vielleicht hätte sie noch die kleinen weißen Steinchen für die Einfahrt der neuen Garage suchen müssen. Doch es handelte sich nicht um Marlene, sondern um Bea, die nie richtig mitspielt, manchmal so blöd macht und eigentlich die Freundin von niemandem ist. Schon bekam der Konflikt eine andere Tragweite. Damit alleingelassen sind Kinder überfordert. Sie kommen in vorgegebene Verhaltensspuren, die automatisch zur Eskalation führen müssen. Ohne Mitleid treibt die Gruppe ein Kind in die Isolation und grenzt es immer weiter aus. Und alle machen mit, wenn auch mit unterschiedlichen Mitteln, so doch im selben Tenor: Wir gehören zusammen, du gehörst nicht zu uns, also weg hier.

Bei Gruppenaggressionen gegen Außenseiter muß immer eingegriffen werden, bevor diese Vorgänge ihre gefährliche Eigendynamik entfalten können. Auch biologische Programme sind umprogrammierbar. Kinder können lernen, sich nicht vom Rausch der Gruppe mitreißen zu lassen und Einsatz für Außenseiter zu zeigen. Jedoch verlangt dieser Anspruch ein hohes pädagogisches Engagement, hinzusehen, nicht wegzuschauen. Bereits beim Start massenaggressiver Situationen sind Interventionen nötig und möglich. Zuerst ein lautes und klares Stopsignal: Halt! So nicht! Dann muß die Solidarität unter den Angreifern geschwächt werden. Mitläufer müssen auf ihre fatale Funktion hingewiesen werden, als Mitschwimmer in einem Strom, der immer breiter, reißender und unkontrollierbarer wird. („Oliver, was machst du da eigentlich? Wer hat dir was getan? Wem mußt du helfen? Willst du wirklich Peter quälen und zum Weinen bringen?")

Ein Kind oder besser noch zwei Kinder, die kurz innehalten, nachdenken, den geringfügigen Anlaß erkennen, sich in die Rolle der Opfer versetzen, ihre eigene Rolle wahrnehmen, reichen aus, um die Front der Angreifer abbröckeln zu lassen. Und die Angreifer ändern sofort ihr Vorhaben, sobald es ihnen an Solidarität unter den Anhängern mangelt. Diese Rückendekkung und den Applaus der Menge brauchen sie für diese speziellen aggressiven Akte dringend, sonst würden sie diese Solidarität nicht noch in der Akutsituation pausenlos überprüfen. (Sie erinnern sich noch an die Blickkontrolle?)

Daß dies eine günstige Ansatzstelle ist, um auf einen Konfliktverlauf Einfluß zu nehmen, scheinen Kinder bereits unbewußt richtig einzuschätzen, denn genau hier setzen sie auch ihre Schlichtungsversuche an. („Stephanie, kannst du mal herkommen, du wolltest doch mit mir den Ton anfeuchten!", „Marc, ich habe gar nicht gewußt, daß du mit Timo Krach hast!")

Äußerst geschickt versuchen sie, nicht den Wortführer zu stoppen, der meist zu erregt ist, um nachdenken zu können (siehe Kap. 10.1). Sie sprechen die „Mitläufergruppe" an und versuchen, einen oder zwei aufzuwecken. Als ob sie wüßten, wie es richtig geht!

Wir reden nun schon einige Zeit über gruppenaggressives Verhalten, im letzten Beispiel über das Piesacken, Hänseln, Drangsalieren und Quälen eines Kindes durch mehrere Gruppenmitglieder, zumeist unter der Leitung eines Kindes. Bully-Verhalten, Bullying, Mobbing sind die neuen Wörter hierfür, wobei Bully bei Kindern angesetzt wird, schwerpunktmäßig im Schulalter, während Mobbing vor allem bei massenaggressiven Aktionen am Arbeitsplatz verwendet wird.

Es geht aber immer um dasselbe: Ein Kindergartenkind, ein Schulkind, ein Jugendlicher, ein erwachsener Mensch werden zum Sündenbock der Gruppe, zur Zielscheibe, bei der sich alle diffusen aggressiven Regungen treffen. Damit es zum Angriff oder zu einem Zusammenstoß kommt, bedarf es keines Anlasses. Vorbeizugehen, dazustehen oder irgendwo gesehen zu werden, reicht als Auslöser seitens des Opfers aus, um erneut eine Attacke zu starten.

Groß angelegte Schulstudien des Norwegers Dan Olweus brachten Klarheit in das bis dato noch wenig untersuchte Phänomen des kindlichen Bullying. Diese Form der Aggression wurde lange Zeit in ihren Auswirkungen unterschätzt, bis sich zeigte, daß die Bullyopfer massiv darunter leiden, erst Entwicklungsrückstände, später dann Schulleistungsschwächen aufweisen und im Extremfall durch diese Gewaltanwendung sogar in den Selbstmord getrieben werden.

Olweus konnte drei verbreitete Mythen über das Bullying widerlegen, Ergebnisse, die inzwischen durch weitere Untersuchungen bestätigt wurden:

- Größere Einrichtungen, seien es Kindergärten oder Schulen mit vielen Kindern und vielen Pädagogen, sind nur unwesentlich mehr von dieser Problematik betroffen. Es ist das Klima, an erster Stelle das Pädagogenverhalten, das Bullying gedeihen läßt. Die institutionellen Rahmenbedingungen wirken nicht allein in Richtung positiv oder negativ.
- Bullying ist nicht das Ergebnis von Konkurrenz und Wetteifer zwischen den Kindern. Es geht nicht um Rangordnung, sondern – so brutal es klingt – es geht allein um das Quälen eines rangniederen Opfers: „Sein Mütchen an jemandem kühlen".
- Bullyopfer haben nicht immer – wie lange vermutet – einen äußerlichen Makel, aufgrund dessen sie gequält werden. Ein Risiko, zum Opfer zu werden, droht, wenn Kinder extrem schwach und unterwürfig sind. Aber hierauf komme ich gleich nochmals zu sprechen (Kap. 9.2).

Olweus war auch der Wissenschaftler gewesen, der uns gezeigt hat, wie wirkungsvoll gegen Bullyverhalten vorgegangen werden kann, ja, wie es sogar bereits in seinen Anfängen gestoppt werden kann.

Tatsächlich kann vor dem Hintergrund dieses neuen Wissens eine Art Handlungsanweisung angeboten werden:
– kein Ignorieren eines Zwischenfalls;
– hinsehen, wo es brennt;
– sofort zum Zwischenfall hingehen;
– Präsenz zeigen;
– zum Ausdruck bringen, daß man die Angriffe gesehen hat und sie keinesfalls akzeptieren wird;
– klar und ohne Aufschub Einhalt gebieten;

- diskussionslose Beendigung der Angriffe;
- Rückwege aus der Extremsituation in den normalen Umgang miteinander aufzeigen;
- konsequentes Durchsetzen der Regeln gegen Bullying; am wirkungsvollsten, wenn die Regeln von der Kindergruppe, von den Schülern selbst aufgestellt worden sind;
- konsequentes Einsetzen der Strafmaßnahmen für Bullytäter; am wirkungsvollsten, wenn die Bestrafungen von der Kindergruppe, von den Schülern selbst festgesetzt worden sind und kein Niedermachen des oder der Täter beinhalten;
- Stärkung der Opfer; der wahrscheinlich schwierigste Part, da hierfür ErzieherInnen und LehrerInnen speziell ausgebildet werden müssen.

Schauen wir uns Täter und Opfer doch nochmals genauer an.

9.2 Das Täter-Kind, das Opfer-Kind

„Wer war denn jetzt eigentlich der Täter, und wer war das Opfer?" Diese Frage, deren Beantwortung den Kindern oft ungeheuer wichtig ist, um Klarheit über ein irritierendes Geschehen zu bekommen, ist bei vielen aggressiven Auseinandersetzungen auch nach gründlichen Recherchen nicht eindeutig zu klären. Das Kind, das als erstes körperlich aggressiv wurde, muß nicht der einzige Täter gewesen sein, noch nicht einmal der Starter der Auseinandersetzung, erst recht nicht der Verursacher des Konflikts. Der Übergang zwischen Täter und Opfer kann fließend sein. Hinzu kommt, daß in einer einzigen Auseinandersetzung Täter- und Opferrolle ständig wechseln können. Der „böse" Täter ist nicht immer eindeutig böse und das „arme" Opfer nicht immer nur arm dran.

Diese Problematik werden Sie in Ihrer eigenen Argumentation den Kindern gegenüber entdecken:

- „Die Lisa hat zwar angefangen zu stoßen und zu beißen, aber die Jacqueline hat ihr auch genügend Grund gegeben, wütend auf sie zu sein!"
- „Daß du dich über den Tobias geärgert hast, ist ja verständlich, aber noch lange kein Anlaß dafür, mit Steinen nach ihm zu werfen!"
- „Ich verstehe ja, daß du Caroline gegen Oliver helfen wolltest, ich verstehe aber nicht, warum du deshalb seine Papierpuppe zerschneiden mußtest!"

Aggression birgt immer die Gefahr der Eskalation und damit auch die Gefahr eines immer diffuser werdenden Täter-Opfer-Feldes. Auf einen Angriff oder auf eine als Angriff empfundene Aktion folgt die Verteidigung, die das abrupte Ende der Auseinandersetzung in Form einer Klärung bedeuten kann. Aber mit ebenso hoher Wahrscheinlichkeit kann die Verteidigungsmaßnahme auch der Startschuß für einen erneuten Gegenschlag, jetzt mit erhöhter Aggressivität, sein, und so kann es weiter und weiter gehen.

Eine Eskalation kann aber auch dadurch zustande kommen, daß plötzlich weit mehr Kinder an der Auseinandersetzung beteiligt sind als am ursprünglichen Konflikt. Diese wundersame Vermehrung von Tätern und Opfern kann verschiedene Gründe haben:

Zum einen ist Aggression generell äußerst attraktiv. Warum schauen wir denn so gerne Thriller, Wildwest- und Actionfilme an? Deutlich wird das vor allem – wie wir bereits gesehen haben – bei der spielerischen Aggression (siehe Kap. 7), die ansteckend auf die umgebenden Kinder wirkt. Identisches läßt sich auch bei ernsten Auseinandersetzungen beobachten. Nicht ohne Grund erzählt man sich in London folgenden Witz: Auf dem Trafalgar Square ist eine Prügelei zwischen mehreren Männern im Gange. Ein jüngerer Mann kommt vorbei, sieht die Auseinandersetzung und fragt einen der Zuschauer: „Entschuldigen Sie, gehören Sie zufällig dazu? Kann man da vielleicht ein bißchen mitmachen?" Das ist eine lockere Beschreibung der sozialen Anregung durch aggressives Tun anderer, die bewirkt, in einen bereits stattfindenden Kampf mit einzustimmen. Wer gerade kämpft und um was es bei der Auseinandersetzung geht, scheint den Trittbrettfahrern vollkommen gleichgültig zu sein. Sie rennen hin und balgen ein Weilchen mit, weil es zumindest anfangs Spaß macht.

Auch die Seite der Opfer kann während des Konfliktverlaufes vermehrt werden. In jeden vierten Konflikt wird von Kinderseite her eingegriffen, sei es als Schlichtungsversuch oder als eindeutige Parteinahme für die eine oder andere Seite. Wird auf seiten des „schwächeren" Kindes eingegriffen, geht es um dessen Verteidigung, wird auf seiten des „stärkeren" Kindes eingegriffen, eher um höhere Diplomatie. Falls man sich gruppenintern nicht einig ist, wem geholfen werden sollte, werden plötzlich mehrere Täter mehreren Opfern gegenüberstehen.

Und wie sehen Kinder der von uns beobachteten Altersstufe die Sache mit Täter und Opfer? Grundsätzlich nur subjektiv! Ganz, ganz selten ist mal ein Kind dabei, das schon in diesem Alter die Sache sachlich durchschaut. Ohne Erklärungshilfe von Erwachsenen und Unterstützung beim Versuch, sich in die agierenden Kinder hineinzudenken, entscheiden Kindergartenkinder nach folgenden Kriterien:
- Wer jemandem wehgetan oder etwas kaputtgemacht hat, wird zumindest für eine erste Aussage als Täter angesehen.
- Wer bereits mehrmals attackiert hat, gilt auch in diesem Fall als der eindeutige Täter.

- Wer heult, hat recht! Also, wer ein anderes Kind zum Weinen bringt, hat unrecht! Sobald ein Kind in Tränen ausbricht, vor allem, wenn es selten weint, stehen die meisten Kinder schlagartig auf seiner Seite. Sein Grund zu weinen wird für die anderen zum Grund, im Kontrahenten den Schuldigen, den Täter zu sehen.
- Es gibt in einigen Gruppen „Täter-Kinder". Wer bekanntermaßen schon mehrmals in heftige Auseinandersetzungen verwickelt war, kommt auch in einem anderen Konflikt bevorzugt als Täter in Frage. Das sind Kinder, von denen die Gruppe beschlossen hat, daß sie böse sind. Eine pädagogisch höchst anspruchsvolle Situation, da beständig einem dauernd zu spürenden Mißtrauen entgegengearbeitet werden muß. Diese Kinder werden, zumindest in einschlägigen Situationen, intensiv beobachtet, weil sie gefürchtet sind, man ihnen alles zutraut und eigentlich immer auf die nächste Katastrophe wartet. Ein solches Image haftet dem Kind an wie Pech, selbst wenn sein Verhalten bereits seit längerem keinen Anlaß mehr zu einer derartigen Etikettierung gegeben hat. Diese Kinder sind es wert, daß ihnen ein eigenes Kapitel gewidmet wird (Kap 9.3).
- Und es gibt „Opfer-Kinder", ein erst in den letzten Jahren intensiv untersuchtes Phänomen. Es gibt Kinder, die zum Außenseiter werden oder wurden. Sie werden bevorzugt gehänselt, geplagt, ja sogar tyrannisiert, und zwar von fast allen Gruppenmitgliedern, vor allem, wenn diese nicht allein, sondern gemeinsam agieren. Interessant ist, was diese Kinder gemeinsam haben: Es sind
  - wehleidige Kinder, die viel und schnell weinen;
  - Kinder, die ihren Angreifern keinen Widerstand entgegensetzen;
  - Kinder, die auch nach der Eingewöhnungszeit als nicht integriert bezeichnet werden müssen;

– Kinder, die wenig anpassungsfähig sind, mit neuen Situationen nichts anfangen, vor allem sich nichts Positives herausziehen können;
– Kinder, die keine Freunde haben;
– Kinder, die eine extrem enge Bindung an ihre Mutter haben (Achtung: eine Beobachtung, die keine vorschnelle Interpretation zuläßt, zu unterschiedlich können die Gründe hierfür sein);
– Kinder, die – trotz allem Leid – durch eigenes „asoziales" Zutun an der Zementierung ihrer Opferposition beteiligt sind.

9.3 Das Kind mit dem Etikett „Schläger"

Folgender Hinweis erscheint mir sehr wichtig:
Kinder sind bei ihrem Umgang mit Opfern und Tätern mitunter gnadenlos. Hier muß sofort Einhalt geboten werden, und es müssen Rückwege für beide Parteien aus dieser Konfrontationssituation zurück in die Gruppe aufgezeigt werden. Ich halte die in diesem Zusammenhang anstehenden Aufgaben für pädagogische Ziele von immens hoher ethischer und humaner Bedeutung.

Daß mit Opfern äußerst problematisch umgegangen wird, sie in Bahnen gedrängt werden, die sie ohne fremde Hilfe kaum mehr in der Lage sind zu verlassen, sind wir uns bewußt geworden. Deshalb bemühen wir uns vermehrt um sie. Doch selten wird darüber nachgedacht, daß auch Täterkinder Opfer ihrer Position in der Gruppe werden können und den Weg aus ihrer Iso-

lation heraus ebenfalls nicht ohne Hilfe bewerkstelligen. Überaggressive Kinder haben z. B. das Problem, daß sie
- ganz schnell aggressive Momente in Interaktionen sehen, in denen andere Kinder keineswegs diese Empfindung haben, daß sie sich immer sofort angegriffen fühlen;
- eine selektive Aufmerksamkeit für aggressive Reize haben; selbst wenn sie ansonsten nichts mitbekommen, eine Drohung oder Provokation nehmen sie sofort wahr;
- aggressive Szenen besser im Gedächtnis speichern können, also schneller wieder zur Verfügung haben als andere Kinder.

Da über die Außenseiterposition von Täterkindern selten nachgedacht wird, wird ihnen auch kaum spezielle Unterstützung angeboten, die sie aber dringend benötigen.

Täterkinder sind aufgrund ihrer Aggressivität aufgefallen, deshalb sind sie zu Täterkindern geworden. Sie haben ein überdurchschnittliches Ausmaß an Feindseligkeit gegenüber ihrer Umgebung entwickelt, wobei zumeist der Grund hierfür in ihren Familienverhältnissen vermutet werden kann. Gehäuft ist es irgendwann einmal zu einschlägigen Zwischenfällen gekommen. „Valentin ist unser Schläger!" Damit hat Valentin ein sehr stark haftendes Etikett aufgeklebt bekommen. Er wird zum Vorzeigetäter, zum Gerüchtekind. Es droht eine „self fullfilling prophecy": „Valentin, versaue uns ja nicht das Sommerfest. Es liegt in deiner Hand, ob es Krach gibt oder gut geht!"

Das ist zuviel Druck, eine Schuldzuweisung bereits vorab, es muß schiefgehen. Die sich selbst erfüllende Prophezeiung trifft ein.

Und was niemand bedenkt, ein Etikett als Schläger hat höchst problematische pädagogische Konsequenzen, wie am Beispiel Valentin verdeutlicht werden soll:

Das Kind mit dem Etikett „Schläger"

- Ab jetzt ist er das aggressive Kind, der Störenfried.
- Fällt das Wort „Aggression", denkt jeder an Valentin.
- Gibt es irgendwo Geschrei und Weinen, suchen über 20 Augenpaare – auch die der Erzieherinnen – nach Valentin, da er als Verursacher des Konfliktes oder doch zumindest in der Nähe des Zwischenfalls vermutet wird.
- Wie häufig er dann eigentlich tatsächlich ausflippt, vor allem im Vergleich zu anderen vermehrt aggressiv ist, spielt, sobald das Etikett einmal vergeben ist, keine Rolle mehr.
- Eine erschreckende Entwicklung,
  - da nur noch Valentins Aggressivität Aufmerksamkeit entgegengebracht wird, dem „Rest" von ihm nicht mehr. Braucht er Aufmerksamkeit, muß er aggressiv sein;
  - da kleine positive Änderungen in seinem Verhalten aufgrund des alles überstrahlenden Stigmas „Valentin ist böse" nicht bemerkt werden, nicht bestätigt und nicht belohnt, so daß sie ganz schnell wieder verschwinden;
  - da ein derartiges Etikett automatisch von der Gruppe trennt, die anderen Kinder auf Abstand hält, eine Kontaktaufnahme erschwert, und zwar doppelt: von der Gruppe zum Täterkind wie auch vom Täterkind zur Gruppe.
- Und noch eine Beobachtung in diesem Zusammenhang: Das Etikett hindert alle daran, auch die Erzieherinnen, bei entsprechenden Gelegenheiten darüber nachzudenken, ob nicht auch Valentin mal ärgerlich oder wütend sein darf, eine aggressive Reaktion von ihm durchaus auch einmal berechtigt sein kann. Der „Schläger" darf sich nie wehren!

Man fürchtet es, das Kind mit Etikett, denn es ist in seinen Aktionen und Reaktionen nicht einzuschätzen. Es stellt einen Unsicherheitsfaktor dar. Niemand möchte es zum Freund, bloß ja nicht als Boß. Kommt es zu nah, versucht man es geschickt auszutricksen, damit sein Einfluß nicht zu groß und damit zu bedrohlich wird. Andererseits wird das Kind mit Etikett auch benutzt. Eine Sache steht zur Erledigung an, von der alle wissen, daß sie Spaß machen würde, aber eben nicht ganz in Ordnung ist. Und plötzlich wird Valentin zum Mitspielen eingeladen, darf sogar etwas ganz Wichtiges machen ... Er macht es, auch wenn er weiß, daß die Sache stinkt, doch dann gehört er kurz dazu. Auch wenn er nachher natürlich wieder das böse Kind, der Sündenbock ist – wie man ja wieder mal gesehen hat.

Dieser Zusammenhang muß bewußt gemacht und in der Gruppe angesprochen werden. Dann können diese gefährlichen Prozesse nicht mehr so schnell und unerkannt ablaufen.

Gegen das Kind mit Etikett hat man ganz schnell Vorbehalte. Viel Gutes trauen ihm weder die Kinder noch die Erzieherinnen zu, viel Schlechtes jedoch alle sofort. Besonders in stressigen Situationen, wenn wir überfordert sind, arbeiten wir mit grausamen Vorurteilen, mit vereinfachenden Zuschreibungen, die uns einen Vorgang oder auch ein Kind schnell abhaken lassen. Valentin, der Schläger. Alles klar, paßt mal wieder. Meinung bestätigt, am Bild und an den Reaktionen muß nichts geändert werden.

Nur ein aktives, engagiertes Team, am besten mit Supervisionsunterstützung, kann aus dieser Sackgasse heraushelfen. Daran, daß es zur Sackgasse wurde, haben alle mitgearbeitet, das Team, die Kinder und das Täterkind. Deswegen kann auch der Weg heraus nur mit gemeinsamen Bemühungen erfolgen.

Die folgenden Fragen, die sehr wichtig sind, im Alltag aber leicht vergessen werden, sollten Sie sich einmal stellen – am besten im Team:

- Ist Valentin immer aggressiv oder oft sprachlos, hilflos? Wo liegen seine Defizite?
- Nicht jede Aggression geht auf das Konto von Valentin.
- Valentin gehört erst dann zum Kreis der Verdächtigen, wenn er am Konfliktgeschehen beteiligt und sein Handeln ver-

dächtig war – und dann muß man erst genauer nachsehen, was genau passiert ist.
- Besteht überhaupt ein Anlaß, ihn als „Schläger" zu titulieren?
- Bekommt Valentin in nicht-aggressiven Situationen genug Aufmerksamkeit und Zugewandtheit?
- Hat sich nicht schon einiges in seinem Verhalten verbessert, was positiv angemerkt werden sollte?
- Finden die nicht-aggressiven Kontaktaufnahmen zwischen den Kindern genug Unterstützung, und werden genug Möglichkeiten geschaffen, um in Zweier- oder Dreiergruppen Erfahrungen mit Valentin, dem Mitspieler, machen zu können?
- Darf Valentin auch mal wütend sein und seine Wut – sozial adäquat – zum Ausdruck bringen?

9.4 Horch, was kommt von draußen rein!

Fragen Sie bei einer Veranstaltung ins Publikum hinein, woher denn die vielen Aggressionen unserer Kinder kommen, so tönt aus vielen Mündern die Antwort: „Vom Fernsehen! Von den Videos! Von den Computerspielen!"

Aha, die Aggression kommt also von außen in unsere Wohn- und Kinderzimmer. Daß das nicht die ganze Erklärung sein kann, haben Sie schon in Kap. 3.3 erfahren. Der Medieneinfluß scheint sehr schwierig zu fassen sein, was aber kein Grund sein darf, ihn zu ignorieren. Kaum ein Bereich der Gewaltursachenforschung kann auf eine größere Anzahl empirischer Studien zurückgreifen wie der, der sich mit der Wirkung von Gewaltdarstellung in Film, Video und Fernsehen beschäftigt. Doch trotz vieler Studien sind die Ergebnisse noch immer bruchstückhaft und widersprüchlich. Die methodischen Erfassungsprobleme sind nicht zufriedenstellend in den Griff zu bekommen. So wissen wir, daß der Konsum aggressiver Filme bei Kindern, die eine hoch aggressive Erziehung im Elternhaus durchlaufen, aggressives Verhalten fördert. Ebenso ist aber auch die umgekehrte Wirkung zu beobachten, daß aggressive Kinder den Konsum von Gewaltszenen bevorzugen. Was war nun zuerst da, Henne oder Ei?

Trotz der uneindeutigen Ergebnislage nehmen viele Forscher eine von zwei Extrempositionen ein. Die einen sehen im medialen Gewaltkonsum eine der Hauptursachen für Aggression und zunehmende Gewalt in unserer Gesellschaft. Die anderen berufen sich auf die Fähigkeit des Kindes, zwischen Realität und Fiktion zu trennen, und argumentieren deshalb, daß weder Gewaltdarstellungen in alten Märchenbüchern noch heutige Gewaltpräsentationen auf Kassetten oder im Film eine gewaltsteigernde Wirkung hätten, die Anlaß zur Besorgnis geben würde.

Welche Effekte werden beobachtet?
- Bei impulsiven, wenig nachdenkenden und aggressiv erzogenen Jungen ist der Zusammenhang zwischen konsumierter Film-Aggression und aggressivem Verhalten ziemlich groß. Für Mädchen gilt das nicht. Wieder haben die Jungen mehr Probleme (siehe Kap. 5.2).
- Ein hoher Fernsehkonsum ist möglicherweise auch ein Zeichen für familiäre Defizite, und familiäre Defizite lassen ein Kind aggressiv werden. Gewaltkonsum ist eher als Indikator fehlgeschlagener Erziehung zu deuten, denn als direkter Verursacher gewalttätigen Verhaltens.
- Man vermutet Schlüsselfaktoren, die zur konsumierten Film-Aggression hinzukommen müssen, damit diese sich aggressionssteigernd auf das kindliche Verhalten auswirkt:
  - die geistigen Fähigkeiten des Kindes;

- seine Beliebtheit;
- seine Identifikation mit den Darstellern;
- sein Glaube an die Realitätsnähe der im Film dargestellten Gewalt;
- das Ausmaß seiner Gewaltphantasien.

■ Wichtig scheint auch zu sein,
- inwieweit Fernsehbotschaft und konkret erlebte Umwelt sich entsprechen oder widersprechen;
- welche Einstellung die Kinder zur konsumierten Gewalt haben;
- wieviele Action- oder Horrorfilme konsumiert werden;
- wie stark die gesehenen Filme erregen.

Eine spannende neue These wird diskutiert. Filme mit gewalttätigen Inhalten erhöhen das Erregungsniveau. Vermehrte aggressive Handlungen bei Kindern nach dem Medienkonsum werden auf dieses erhöhte Erregungsniveau zurückgeführt. Stehen diese Kinder in einem Konflikt, reagieren sie aggressiv, weil sie – ohne nachzudenken – dem ersten Impuls folgen, und das ist, gemäß dem letzten wahrgenommenen Konfliktlösungsmodell, ein aggressiver. Dieses Ergebnis hätte – träfe es zu – weitreichende Konsequenzen. Die Erfahrungen im Umgang mit Konflikten und Aggressionen, die gesehenen wie die erlebten, hätten einen starken Einfluß auf das eigene aggressive Verhalten. Für Gewaltvielseher wäre dann sehr häufig der zuletzt gespeicherte Input, der für eine Interaktion relevant war, ein gewalttätiger. Denken wir an dieser Stelle mal noch eine Stufe weiter: Gewaltvielseher kommen aus defizitären Familien, in denen es mit Sicherheit wenige positive Modelle zum Aggressionsumgang im Alltag gibt, so daß kaum Gegenerfahrungen zu den Filmmodellen möglich sein werden, höchstens – und deshalb so wichtig – in Kindergarten und Schule.

Der Medienforscher Kunczik stuft die Bedeutung medialer Gewalt folgendermaßen ein:

> „Auch für das Erlernen von Aggression gilt, daß zunächst 1. die unmittelbare familiale Umwelt sowie 2. die Subkultur bzw. die Gesellschaft, in der man lebt, die Quellen sind, aus denen aggressives Verhalten erlernt wird. Erst an dritter Stelle treten dann die massenmedial angebotenen symbolischen aggressiven Modelle hinzu. Es scheint so zu sein, daß Gewaltdarstellungen auf die Mehrheit der Betrachter keine oder nur schwache Effekte haben, aber bei bestimmten Problemgruppen womöglich starke Wirkungen zeigen." (Kunczik 1993, S. 104)

Auf die negative Bedeutung eines häufigen, unkontrollierten Fernsehkonsums hinzuweisen, erscheint mir ein äußerst wichtiger Aspekt der Elternarbeit zu sein. Doch hierbei „nur" die Gewaltinhalte im Auge zu haben, ist zu wenig. Mindestens ebenso wichtig sind die Fragen, warum ein Kind im Kindergartenalter so viel fernsieht und was ihm während der vor dem Gerät verbrachten Zeit an aktiver und erlebter Familien- und Sozialisationserfahrung verlorengeht.

Zum Weiterlesen:

- Kunczik, M.: Gewalt im Fernsehen. Media Perspektiven 3, 1993, 98–107.
- Olweus, D.: Gewalt in der Schule. Was Lehrer und Eltern wissen sollten – und tun können. Bern 1995.
- Tillmann, K.-J./Holler-Nowitzki, B./Holtappels, H.-G./Meier, U./Popp, U.: Schülergewalt als Schulproblem. Verursachende Bedingungen, Erscheinungsformen und pädagogische Handlungsperspektiven. Weinheim 1999.

10 Aggressionstraining im voraus – noch ohne Wut

Wenn ein Kind sich nie traut, selbst wenn genügend Gründe vorhanden wären, einmal aggressiv aufzutreten, um seine Bedürfnisse und seine Interessen einzuklagen oder auf diesem Weg Angriffen Einhalt zu gebieten, bricht irgendwann, wenn keiner damit rechnet und auch „eigentlich im Moment überhaupt kein Grund vorhanden war", die Aggression ungehemmt aus ihm heraus. Eine nicht mehr zu bremsende Durchbruchsreaktion, ein typischer Jähzornsausbruch. Hat sich der kleine Berserker wieder etwas beruhigt, ist er über seine blindwütige Raserei entsetzt. Diese Reaktion ist typisch für eine einengende Erziehung, die keinen Widerspruch und kein Aufbegehren duldet. Ärger oder Wut sind nicht erlaubt, jede situationsbedingte Aggression wird im Keim erstickt. Das Kind lernt bei diesem problematischen Erziehungsstil, daß Enttäuschung und Wut „böse" Gefühle sind, die nicht gezeigt und geäußert werden dürfen, weil sonst Strafe droht. Und nicht genug, es lernt auch, daß dies Empfindungen sind, gegen die auch nichts unternommen werden darf, was Erleichterung, Entlastung, Befriedigung oder Genugtuung verschaffen könnte. Jedesmal bleibt ein Gefühl von Ohnmacht zurück, das sich immer mehr verstärken wird: Ich kann gar nichts beeinflussen, veranlassen oder verhindern; ich bin völlig machtlos. In dieser Grundstimmung reicht ein winziger Tropfen Ärger, um das Faß zum Überlaufen zu bringen.

10.1 Aggression und in Ruhe nachdenken – zwei Dinge, die nicht zusammenpassen

Ein wütender, tobender Mensch, egal ob klein oder groß, ist unberechenbar. Er sagt und macht Dinge, die er in ruhigem Zustand nie sagen oder machen würde. Wenn er – im Akutfall – einmal kurz darüber nachdenken könnte, was da gerade abläuft, woran er maßgeblich beteiligt ist und welche Konsequenzen sein Tun haben kann, würde er sicher in den meisten Fällen sofort stoppen und schleunigst einen anderen Kurs einschlagen. Erst im nachhinein, wenn er sich etwas beruhigt hat, aber auch alles schon zu spät ist, kommt er ins Grübeln: „Na, ob das gut war? Daß ich mich da klug verhalten habe, möchte ich aber schwer bezweifeln! Mein Gott, das hab' ich aber wirklich nicht gewollt! Das war keine Absicht! Ich weiß überhaupt nicht, wie mir das passieren konnte!"

Ich beschreibe Ihnen hier eine ganz typische Besonderheit der menschlichen Verhaltenssteuerung. Bei übermächtiger Wut – nur noch die Demütigung, Verletzung und Enttäuschung vor Augen – kommt es aufgrund der außerordentlichen Erregung zu besinnungslosem Toben. Wir reagieren „kopflos", wirklich im Wortsinn, also unbeherrscht und unkontrolliert durch unsere Vernunft. Gerade in solchen Situationen, in denen ein klarer Kopf besonders nötig wäre, um auf einen rettenden Gedanken zu kommen, unterdrückt starke Wut jedes vernünftige Nachdenken.

Und wie kommt es zu dieser tückischen Denkhemmung? Die wutbedingte Erregung, die anfangs noch dauernd durch Wahrnehmungen, die den Zorn steigern, verstärkt wird („Manuel zieht immer noch an meinem Schiff." – „Beim Kampf geht die

Burg weiter kaputt." – „Jetzt beißt Sandra auch noch!"), ist so groß, daß sie zuerst ungebremst das Verhaltenskommando übernimmt. Und so wird weiter gewütet, wie in einem Rausch. Natürlich sieht das Kind bereits während des Kampfes, daß Manuel blutet, die geliebte Burg durch die wütenden Tritte der eigenen Füße zerbröselt und Sandra bereits heult, doch Denken ist jetzt zweitrangig. Der Zorn dominiert – bis er verraucht oder das Kind ganz einfach zu schlapp zum Kämpfen wird. Und jetzt, natürlich reichlich spät, wird nachgedacht.

Vielleicht interessiert einige von Ihnen, wie es zu dieser kritischen Spezialität in unserer Verhaltenssteuerung kommen konnte. Das ist eine spannende Geschichte. Vermutlich ist die stammesgeschichtliche Verwandtschaft von Spielen und produktivem Denken für dieses Phänomen verantwortlich. Recht treffend bezeichnen wir Nachdenken oft als Gedankenspiel. Beim Denken benutzen wir intellektuell äußerst günstige Variations- und Suchmechanismen, die wir – bei genauem Nachprüfen – in nahezu identischer Form beim Spielen bereits perfekt ausgebildet finden. Gemeint sind damit die so wichtigen Taktiken wie kontrolliertes Wiederholen des identischen Vorgangs, um zufälliges Zusammentreffen von ursächlich zusammenhängenden Ereignissen unterscheiden zu können, das Abwechseln und Variieren, um Besonderheiten verschiedener Techniken erfassen zu können. Neben diesen positiven spieltypischen Erscheinungen beim Denken, finden wir aber auch ein weiteres Spielcharakteristikum, das sich im Funktionskreis des Nachdenkens als nachteilig erweist. Gemeint ist die geringe oder fehlende Durchsetzungsfähigkeit des Spielimpulses gegenüber anderen aktivierten Verhaltensimpulsen. Was beim Spiel recht sinnvoll erscheint, nämlich bei auftauchender Angst, Hunger, Müdigkeit, Schmerz, Verunsicherung oder Enttäuschung das Spiel zu beenden und auf Ernstverhalten

(Flucht, Hilfe- und Kontaktsuche oder Verteidigung) umzustellen, bedeutet in bezug auf das Denken in kritischen Situationen: nichts wie abhauen oder kämpfen, koste es, was es wolle! Und leider nicht: jetzt aber erstmal kaltblütig nachdenken! Wenn es auf eine rettende Idee besonders ankommt, herrscht bei uns aus Angst oder Wut oft Denkpause!

Es ist sicherlich gut zu wissen, woher die Kopflosigkeit bei Wut kommt, doch was können wir gegen diesen gefährlichen Verhaltensmechanismus machen?

- Zuerst ein Blick auf die Erwachsenen: Bei Kenntnis der eigenen Neigung zu Panikreaktionen oder Jähzorn, muß man aufmerksam werden für spezielle Situationen und hellhörig für die typischen inneren Signale, die das Herannahen einer entsprechenden Stimmung ankündigen. Dann kann es gelingen, mit Hilfe einstudierter, andressierter Handlungen die Notbremse zu ziehen, bevor eine Sicherung durchbrennt. Die Übungen hierzu müssen natürlich in aller Ruhe und Aufmerksamkeit stattfinden, wenn keine Wut vorhanden ist. Durch bewußtes Entspannen, Sich-Ablenken oder einfach durch Sich-Entfernen ist es möglich, sich vor dem selbstentmündigenden Durchbruch der Extremreaktion zu bewahren. So wird mit Eltern, die zur Kindesmißhandlung neigen, nach dem Motto „Greif zum Telefon, nicht zum Kind" trainiert, auf dem Höhepunkt ihrer Hilflosigkeit nicht auszurasten, sondern gerade jetzt Beruhigung, Entspannung und Anleitung für die nun anstehenden Erziehungsschritte bei kompetenten Helfern per Telefon zu suchen.
- Wenn Kinder toben, bleibt einem nichts anderes übrig, als zuerst einmal Verletzungen, sich selbst oder anderen zugefügte, zu vermeiden und zu versuchen, allseits zu beruhigen. Jetzt greift nur ein Notfallprogramm (siehe Kap. 11.1).

Zu einem anderen Zeitpunkt, nicht in der Akutsituation, kann man Kindern die Gefährlichkeit und Unberechenbarkeit von Wut durchaus erklären, aber auch die Tatsache, daß „eine Wut bekommen" zu unserem Leben gehört, und wir alle lernen müssen, damit umzugehen.

10.2 Gefühle zeigen – Gefühle erkennen

Wut ist *eine* unserer Gefühlsregungen. Gefühle zeigen zu können, Gefühlsäußerungen bei sich und anderen erkennen zu können, ist eine Fähigkeit, die man im Laufe seiner ersten Lebensjahre erlernt, und zwar auf ganz besonderem Wege:

Nur das Kind, das am eigenen Leib erfahren hat, daß seine Gefühlsäußerungen wahrgenommen, ernstgenommen und adäquat beantwortet wurden, kann sich in andere Menschen hineindenken und auf ihr Befinden abgestimmt reagieren. Nur das Kind, das immer wieder die Erfahrung machen kann, daß sich jemand die Mühe macht, sich in es hineinzudenken, um zu merken, wie es ihm im Moment geht, ob es unheimlich glücklich, mit der Welt zufrieden und zu allen Schandtaten bereit, vielleicht aber auch todtraurig, arg enttäuscht oder gar ziemlich gelangweilt ist – und auch dann noch entsprechend mit ihm umgeht –, nur wer diese Wohltat erfahren hat, kann im Laufe der Zeit ähnliche Gefühlsmeisterleistungen vollbringen. Man muß Empathie am eigenen Leib erlebt haben, um empathisch handeln zu können.

Im Normalfall interpretieren und beantworten Eltern intuitiv die Gefühlsäußerungen ihres Kindes. „Oh, ist unsere Lilian aber müde!" sagen sie, wenn ihr Baby gähnt, oder: „hat Hunger", „hat sich erschreckt", „freut sich", „ist wütend". All diese Kommentare, die signalisieren, daß die kindlichen Gefühlsäußerungen verstanden worden sind, tragen zu seiner Empathierung bei. D. h., ein Kind lernt auf diesem Wege seine momentanen Empfindungen zu benennen, eine wichtige Voraussetzung, um sich selbst und sein Befinden realistisch wahrnehmen zu können.

Werden hilfesuchende, ärgerliche, aber auch freudige Appelle eines Kindes von seinen Bezugspersonen nicht bemerkt, nicht berücksichtigt oder gar bestraft, lernt das Kind, diese Gefühlsäußerungen zu unterdrücken, und wird auch bei anderen Menschen nicht mehr darauf reagieren. Wird emotionale Ausdrucksfähigkeit nicht beachtet oder abgelehnt, wird sogar die kindliche Aufmerksamkeit für derartige Situationen herabgesetzt. Das Kind stumpft ab. Die Konsequenzen sind weitreichend. Es unterdrückt nicht nur seine Emotionen in entsprechenden Situationen, sondern seine emotionale Ausdrucksfähigkeit wird insgesamt eingeschränkt.

Wie mit Gefühlen, erst nur mit den eigenen, dann auch mit denen der anderen, umzugehen ist, lernt man in der Kindheit.

- Wird beispielsweise Wut zur Kenntnis genommen, als solche akzeptiert und der sie verursachende Konflikt zu bearbeiten versucht?
- Wird Frustration erkannt, ihrer Ursache auf die Spur zu kommen versucht und eine Lösung der verhinderten Befriedigung angestrebt?
- Oder wird nur durch angedrohte Strafe oder Pauschalbelohnung für den Moment ruhiggestellt?

So unterschiedlich die Reaktionen ausfallen können – ob sie eine Hilfe darstellen oder eben nicht –, so unterschiedlich werden die Kinder auch ihre Wut das nächste und das übernächste Mal präsentieren.

10.3 Heute steht Wut auf dem Programm

Um das Erkennen von Aggressionsursachen zu lernen, Auslösesituationen besser verstehen und vielleicht sogar einige davon vermeiden zu können, bedarf es nicht nur der ernsten Anlässe als Modell. Diese sind – wie wir gehört haben – gar nicht immer geeignet, da wir in diesen Momenten befangen und oft nicht gerade in Topform sind. Aber diese Situationen kann man auch spielen oder sich vorspielen lassen. Ob es nun Wut, Enttäuschung oder Verzweiflung ist, die – geschickt angeregt – gespielt werden sollen, für all diese Rollen ist genügend kindliche Phantasie vorhanden, um sie mit Leben anzufüllen. Erinnern Sie sich noch an den „Als-ob-Raum" und seine Bedeutung für die Psyche (Kap. 7.2)?

Einmal alle Wut rausbrüllen, seine Enttäuschung unzensiert zeigen und sich dem Kummer voll hingeben zu dürfen, wird für viele Kinder ein herzerfrischender Spaß sein. Sie erleben sich laut, stark, kummervoll und wild, aber nicht ohne Kontrolle. Das ist ein wichtiges Erlebnis und wird auf das Selbstsicherheitskonto verbucht. Für einige Kinder ist die Aufgabe: „eine Wut zu bekommen" eine bislang einmalige, da noch nie ungestraft gemachte Erfahrung. Das beinhaltet ohne Zweifel anfangs Verunsicherung, doch mehrmalige Chancen hierzu lassen erkennen, daß es Umgebungen gibt, in denen man seiner Wut nicht ausgeliefert ist, sondern mit ihr fertig wird und sogar seine Meinung sagen darf – und jemand hört zu, nimmt einen ernst, akzeptiert die Gefühle und macht Befriedigungen möglich. Einige Befriedigungen lassen auch ab und an eine Frustration aushalten. Diese Umgebungen werden gerade diese Kinder suchen. Sie finden sie bald nicht nur im Kindergarten, sondern vielleicht auch zwischen Freunden, im Sportverein und mit ganz viel Glück auch in der Schule. Auf diesem Weg kann speziell für diese Kinder ein Gegengewicht zu den ersten negativen familiären Erfahrungen gebildet werden.

„Wann hast du einmal eine Mordswut gehabt? Und was hast du dann gemacht? War das gut? Oder nicht so gut?"

Das können die Startfragen für eine spannende Erzählrunde sein. „Aha", können so die Kinder denken, „selbst große Leute bekommen eine Wut. Und was machen die dann?" Es gibt völlig unterschiedliche Reaktionen. Und ganz unterschiedliche Konsequenzen. Manches würde man mit Sicherheit nicht mehr so machen, da ging es rund danach! Manches hat ganz gut geklappt. Es gibt Reaktionen, die einem selbst gutgetan haben, für andere aber schwierig zu verkraften waren. Gibt es aber welche, die für alle gut sind, also sozial verträglich? Darauf wird gleich noch näher eingegangen.

Phantasiereisen, Bilderbücher und Bildersequenzen sind geeignete Medien, um auf der Erlebnisspur ins Thema einzusteigen.

Wenn z. B. im Theaterstück oder in der Geschichte ein Kind von Szene zu Szene immer mehr zum Außenseiter wird, erkennen Kinder (nur sie?) die Ausgrenzungseskalation und Unmenschlichkeit besser als bei einem vom identischen Schicksal betroffenen Kind aus ihrer eigenen Gruppe. Und wenn ein Puppenkind auch noch ausdrücken kann, wie ihm zumute ist, was so wehtut und warum es nicht mehr allein aus dem Unglücklichsein herausfindet, fällt das Hineindenken und Mitfühlen leichter. Eine Erfahrung, die dann nur noch kleiner Anstöße bedarf, um im Echtfall wieder aktiviert zu werden.

Sprachkurse gegen Sprachlosigkeit müssen besucht werden, solange kein Kloß im Hals steckt. Hilfsmittel, um eine dicke Wut los zu werden, müssen lange bevor die Wut kommt, den Kindern bekannt und vertraut sein. Denn ist die Wut erst einmal da, muß alles ganz schnell und automatisch gehen.

Hier ein paar sozialverträgliche Formen des Abreagierens:
- Wutkiste, Kiste mit Zeitungen, die bei einem Wutanfall zerknüllt werden dürfen;
- auf Riesenpapierbögen mit leuchtenden Farben wüten;
- Brüllermännchen, eine Socke mit Gesicht, in die man mit der Hand hineinschlüpfen und die man dann den ganzen Ärger erzählen lassen kann;
- einmal den Gartenzaun entlang ums Grundstück rennen;
- in der Wutecke auf alte Töpfe und Pfannen schlagen;
- die Wut im Klo runterspülen;
- ins Wutzelt krabbeln und sich auf die dicken Wutkissen legen;
- eine Stimmungstafel neben sich stellen oder legen, auf der mit knallroten Buchstaben „Wut" steht, ein roter und ein schwarzer Blitz zu sehen sind, ein glitzernder Dolch usw.;
- Wutfiguren miteinander kämpfen lassen;
- einen zähnefletschenden Hund ans Sweatshirt klammern, der sagen soll: Vorsicht, haltet Abstand, ich beiße gerade.

10.4 Wir brauchen Regeln, z. B. folgende: Fehlverhalten muß Konsequenzen haben

Eine spannende Frage vorab: Gibt es eigentlich Möglichkeiten, Konfliktpunkte schon im Vorfeld durch feste Regeln zu verringern?
Hiervon gehen wir nämlich aus, wenn wir z. B. gruppenbekannte Konflikthähne regelmäßig trennen, wenn sie nur Kontakt miteinander aufnehmen wollen, damit es zwischen ihnen

zu möglichst wenig gemeinsamen Aktivitäten kommt, die einen Konfliktausbruch wahrscheinlicher machen?

Natürlich gibt es konfliktträchtige Paare, die einfach nicht zusammenpassen. Doch die Praxis zeigt, daß diese zwei höchst selten mit dem Versuch einer gemeinsamen Aktivität starten und dann erst aneinander geraten. In den meisten Fällen ist ihre Kontaktaufnahme bereits eine Provokation. Hier ist nichts mehr im Vorfeld zu regeln. Die Praxis zeigt aber auch, daß Kinder, die viel miteinander auszutragen und auszuhandeln haben, sich dennoch als höchst attraktive Spielpartner empfinden, die kreativ miteinander spielen und andere zum Spiel motivieren können. Sie vorab bereits zu trennen, ihr Spiel damit unmöglich zu machen, käme einem problematischen Erfahrungsverlust gleich.

Ebenso umstritten ist die Regel, in bestimmten Spielbereichen nur eine festgelegte Anzahl von Kindern zuzulassen, um Auseinandersetzungen vorzubeugen. Verständlich wird dieses Reglement, wenn Räumlichkeiten eben nur den Aktionsraum von soundsovielen Kindern verkraften und deshalb ein Mehr an Kind nicht zulassen. Vor dem Hintergrund einer Konfliktminimierung ist diese Regel allein jedoch wenig wirkungsvoll, da für Konflikte nicht vorrangig die Größe der momentanen Spielgruppe, sondern vor allem deren Zusammensetzung verantwortlich ist. Fünf Kinder können problemlos miteinander auskommen, während zwei Spezialisten immer aneinandergeraten werden.

Wahrscheinlich spielte bei diesen Überlegungen die Erfahrung eine Rolle, daß in großen Kindergartengruppen (20 und mehr Kinder) in ungünstigen Räumlichkeiten häufiger ernste Aggressionen auftreten, weniger spielerische Aggression zu finden ist, Spiele abrupt enden und Spielgruppen kürzer zusammenbleiben. Eine festgelegte Kinderzahl in den verschiedenen, per Zufall entstehenden Spielgruppen – und um die geht es hier – ändert an diesem Problem jedoch nichts.

Was auch nur in Ruhe und gemeinsam vorbereitet werden kann, sind die Sanktionen, die unwillkürlich zum Einsatz kommen, wenn Aggressionen so ausgelebt werden, daß Verletzung, Beleidigung, Demütigung oder Ausgrenzung die unakzeptablen Folgen sind. Was wollen wir in unserer Gruppe nicht haben? Was soll niemandem von uns passieren? Was ist bei uns ein Fehlverhalten, das Folgen hat?

Die einheitliche Meinung der Kinder über nötige Grenzen sowie die realistischen, durchaus umsetzbaren Vorschläge zur Bestrafung werden Sie überraschen – falls Sie diese Erfahrungen nicht bereits gemacht haben.

Es geht um klare Regeln gegen aggressives Verhalten, die jede Gruppe braucht, also um Verträge, ohne die kein genußvolles Zusammenleben möglich ist. Es geht um direkte, logische Konsequenzen, die automatisch, also voraussagbar, eintreffen werden, wenn ein bestimmtes Fehlverhalten vorausgegangen ist. Daß sie bereits vorhanden sind, erleichtert jedem Kind die Orientierung in der Gruppe und nimmt jeder Erzieherin die in der Akutsituation oft überfordernde Entscheidung, was nun mit dem Missetäter geschehen soll, ab.

Ganz wichtig: Alle müssen im voraus wissen, welche Handlungen als unakzeptabel gelten und welche Konsequenzen sie haben, was also passieren wird, wenn man die Regeln verletzt. Ist das klar, reicht häufig ein drohender Blick oder ein eindeutiges Warnsignal.

Eine Konsequenz kann z. B. sein, daß ein Kind eine Auszeit bekommt, wenn es wiederholt das gemeinsame Spiel – trotz Warnung – gestört hat, also unweigerlich aus der Spielgruppe entfernt wird, für einige Minuten nicht mehr teilnehmen, höchstens noch zusehen darf.

Psychologen plädieren dafür, daß diese Sanktionen echte Strafen sein sollen, z. B.:
- zusätzliche Aufgaben,
- Verlust von Privilegien,
- Aktivitätsauszeiten,
- aber: keine körperlichen Strafen
- und kein ärgerliches „Fertigmachen" oder Demütigen des Kindes.

Stehen die Regeln erst einmal, dann ist es wichtig, diskussionslos bei Fehlverhalten einzuschreiten, und daß alle die Strafmaßnahmen konsequent durchführen.

Zum Weiterlesen:
- Paley, V. G.: Mitspielen verbieten ist verboten. Gegenseitige Achtung und Akzeptanz unter Kindern. Beltz Quadriga, Weinheim 1994.
- Schiffer, E.: Warum Hieronymus B. keine Hexe verbrannte. Möglichkeiten und Motive gegen Gewalt bei Kindern und Jugendlichen. Beltz Quadriga, Weinheim 1994.
- Sommerfeld, V.: Krieg und Frieden im Kinderzimmer. Über Aggressionen und Action-Spielzeug. rororo, Reinbek bei Hamburg 1991.

11 Was tun bei Konflikten?

Wenn von Konflikten die Rede ist, denkt man immer an die ganz lauten, heftigen, bei denen Funken schlagen und Fetzen fliegen. Hierfür wird nach dem nötigen Know how gesucht, wie die emotionalen Wellen wohl am besten zu glätten sind und das Problem gelöst werden kann. Ihre Explosivität zwingt uns zum Handeln.

Es gibt aber auch nahezu unsichtbare, nur spürbare Konflikte, die leise vor sich hin lodern, ohne Aufsehen zu erregen. Sollten wir sie nicht auch zur Sprache bringen und zu lösen versuchen? Bei diesen Konflikten fehlt es den Betroffenen offensichtlich an Worten und Ausdrucksmöglichkeiten. Sie tragen die Wut mit sich herum:

- Ich habe meine Wut runtergeschluckt.
- Die Sache liegt mir im Magen.
- Mir steckt ein Kloß im Hals.
- Es verschlägt mir die Stimme.
- Das ist mir auf den Magen geschlagen.
- Mir ist der Appetit vergangen.
- Daran habe ich zu kauen, zu verdauen.

Diese Sätze verdeutlichen die nach innen gekehrte Wut. Man kann leicht wegschauen, nichts zwingt zum Handeln. Ist das richtig?

11.1 Das Notfallprogramm

Was ist, wenn Kinder toben und wüten? Wie kann man ihnen – wenn es bereits brennt – helfen, möglichst schadensfrei zu ihrer eigenen Kontrolle zurückzufinden und danach über sich und das Geschehene nachdenken zu können?

Hier gibt es eine feste Regel:
- den Kampf stoppen;
- die Kinder trennen;
- ansprechen, und zwar zuerst die Kinder (mit Namen!) und dann ihre Wut oder Angst oder Enttäuschung.

Es ist sinnvoll, zum Kampf zu gehen, die Kampfhandlungen zu beenden, sich zwischen die Kinder zu stellen, mit den Betroffenen bestimmt, aber ruhig zu sprechen und sie zu berühren. Die Namen signalisieren, daß man genau diese Kinder meint, nur sie anspricht. Die bestimmte, ruhige Sprechweise zeigt, daß die erwachsene Person die Sache im Griff hat, einen Ausweg kennt – im Gegensatz zu den aufgewühlten, kopflosen Kindern, die am Ende ihrer Möglichkeiten angekommen sind und für die im Moment die Welt stillzustehen scheint. Die Berührung läßt die beruhigende und starke Anwesenheit eines erwachsenen Menschen direkt fühlen. So gelingt es der Erzieherin auch, die Kämpfenden aus der verletzungsgefährdeten Nähe zu anderen Kindern zu entfernen und sie dem aggressionserhaltenden Bannkreis eines hochinteressierten Publikums zu entziehen.

Die pädagogische Akutversorgung ist abgelaufen, und hiermit endet die Regelhaftigkeit des Vorgehens. Jetzt muß es höchst individuell weitergehen.
- ■ Manche Kinder brauchen nun Halt, und zwar in Form von Festhalten, also körperlicher Nähe.

Das Notfallprogramm

- Manche dürfen ja nicht berührt werden, das wäre viel zu nahe, zu bedrohlich, zu beengend und könnte neue Aggressionen heraufbeschwören. Nähe und Ansprechbarkeit muß hier durch Worte und Blicke signalisiert werden.
- Manche müssen zuerst noch ein Weilchen für sich allein, unter Aufsicht oder in einem vertrauten Wutraum toben, damit andere Gefühle überhaupt eine Chance haben, wieder die Oberhand zu gewinnen. Jetzt kommen die in Kap. 10.3 genannten Wut-Hilfsmittel zum erfolgreichen Einsatz.

Nicht immer wird getobt, manchmal gibt es nur Krach. Die Hauptaufmerksamkeit muß in diesem Fall der Frage gelten: „Wer ist in den Konflikt verwickelt?"

- Welches Temperament und Selbstwertgefühl, welche Kraft und welche Geschicklichkeit treffen aufeinander?
- Geht es fair zu?
- Welchen familiären Hintergrund haben die Kinder? Kommen sie aus Familien, in denen es Konflikte geben darf und alle sich bemühen, sie zu lösen, oder sind Konflikte der Schwachpunkt der Familie?

Je nachdem, wie diese Fragen beantwortet werden, fällt die Erzieherinnenreaktion unterschiedlich aus.

Aufmerksamkeit ist auf jeden Fall angesagt, doch stimmt die „Ausstattung" der Kinder einigermaßen überein, muß nicht sofort eingeschritten werden. Viele Kräche sind nach wenigen Sekunden vorbei – von den Kindern tatsächlich selbst geregelt.

Kleinere Auseinandersetzungen, Streitereien, in die niemand eingreift oder denkt, eingreifen zu müssen, und bei denen auch von den Betroffenen keine Hilfe angefordert wird, klären sich von selbst, recht schnell und auch ohne bittern Nachgeschmack. Es sind übrigens die meisten! Für sie gilt die „tit for

tat"-Strategie, eine moderne Version der Lex talionis („Auge um Auge ..."), die man mit „Wie du mir, so ich dir" übersetzen könnte. Eine ganz spannende Geschichte, da feste Grundsätze, man könnte schon fast sagen „Spielregeln", dazu gehören:
- eine recht hohe Bereitschaft, bei einem Angriff – egal, wie er aussieht – sofort zurückzuschlagen – mit Händen oder mit Worten;
- eine geringe Neigung, Aggressionen zu beginnen;
- und – ganz wichtig – wiederum eine hohe Bereitschaft, schnell auf Nicht-Aggression, ja sogar auf Kooperation, also gemeinsames Weiterspiel, umzuschalten, falls der Gegner dies ebenfalls tut oder eindeutige Zeichen in Richtung Versöhnung gibt.

Eine dreiteilige Strategie, die sich fast immer durchsetzen kann, weil auf Konflikt sofort mit Konflikt geantwortet wird, auf Kooperation aber ebenso unverzüglich mit Kooperation. Insgesamt ist es ein recht soziales Programm, um Probleme zu lösen, ohne die Gemeinschaft nachhaltig zu stören. Eine Strategie, die Kinder im Laufe der Kindergartenzeit immer mehr ausbauen.

Sind die in einen Streit verwickelten Kinder jedoch in ihren Vorerfahrungen zu unterschiedlich, so brauchen sie Hilfe. Die Frage: „Braucht ihr zwei Hilfe, oder kommt ihr allein zurecht?" ist die erste Stufe der Interventionsmöglichkeit. Diese Frage ist ein Signal, das auf die vorhandene soziale Kontrolle aufmerksam macht und an die Bedeutung von Regeln erinnert. Oder, wenn eine Eskalation zu befürchten ist, der Versuch, die ungefährliche Gesprächsebene anzusteuern: „Moritz, was willst du dem Kai denn mit deinen Fäusten und Füßen sagen? Das versteht er doch nicht. Sag es ihm doch mit Worten! Ich bleibe bei euch!"

Hier wird die Wut des Kindes aufgegriffen, die Berechtigung für sein Einschreiten anerkannt, nur die Wahl der Mittel wird in Frage gestellt. Das Kind wird ermutigt, sein Anliegen mit sozial verträglicheren Mitteln weiterzuverfolgen, und spürt die so wichtige Rückendeckung. Dadurch wird es kontrollierter, da seines Erfolges sicher, agieren (vgl. Kap. 8.3).

Die Botschaft im Hintergrund lautet: Dein Aufbegehren ist angebracht, wehre dich, doch Schlagen und Treten sind nicht die Lösung.

11.2 Der Sache auf den Grund gehen

Hinter aggressiven Handlungen verbirgt sich viel Unausgesprochenes. Natürlich gibt es die Aufschreie: „Der Soundso hat mir mein Auto weggenommen!", „Die Soundso hat mich gekratzt und an den Haaren gezogen!", doch sie sind zum einen keineswegs regelmäßiger Bestandteil aggressiver Szenen, und zum anderen – was vielleicht noch viel wichtiger ist – finden sie zu einem Zeitpunkt statt, an dem der Höhepunkt der Auseinandersetzung bereits überschritten ist, zu einem Zeitpunkt, an dem Opfer und Täter schon wieder von sich aus über die Angelegenheit schimpfen und sprechen können, sogar miteinander.

In dieser Situation sind von seiten eines Schiedsrichters, Trösters oder Schlichters nur noch einzelne Nachfragen nach Details nötig: „Wer von euch beiden hat denn zuerst mit dem Auto gespielt?", „Warum hat sie dich denn an den Haaren gezogen? Einfach nur so oder hat sie vielleicht etwas geärgert, was du gemacht hast? Oder hast du ihr vielleicht wehgetan?"

Doch der Ablauf kann auch ein ganz anderer sein. Ein unschöner Kampf hat stattgefunden, dann nach den Beschimpfungen kein Wort mehr, nicht mal ein Blick wird zwischen den Kontrahenten gewechselt. Immer noch liegt Aggression in der Luft.

Jetzt heißt es also, auf etwas Unausgesprochenes, vielleicht Unaussprechliches zu reagieren. Zuallererst muß die Ebene des Gesprächs wieder erreicht werden. Das Kind, das aus welchen Gründen auch immer angegriffen hat, muß für alle weiteren Klärungsschritte ansprechbar sein. Das ist gar nicht so einfach, denn in einem solchen Moment ist nicht nur seine verbale Verständigung nach außen unterbrochen, auch sein innerer Dialog ist gestört. Das bedeutet, daß ein Kind sich selbst in großer Wut oft nicht sagt oder sich nicht sagen kann, was es gerade so aggressiv gemacht hat. Im Kindergarten braucht es hierzu die Hilfe der Erzieherinnen, zu Hause die der Eltern.

Wenn dem Ausbruch die Spitze genommen ist, erste Anzeichen von Beruhigung zu sehen sind, so daß die Wut nicht mehr alles Handeln beherrscht, dann kann wieder kommuniziert werden.

Schlichtungsgespräche stehen nun an. In dieser Situation können direkte Fragen, nicht inquisitorisch-anklagend, sondern mitfühlend-interessiert gestellt, den Kindern tatsächlich weiterhelfen, und zwar dem Angreifer ebenso wie dem Angegriffenen.

Sprechen Sie bei einer Konfliktanalyse zuerst das Kind an, dessen Angriff zum Höhepunkt der Auseinandersetzung geführt hat:
- Warum hast du eigentlich eine so große Wut bekommen?
- Was hat dich denn so ärgerlich gemacht?
- Hat dir vielleicht etwas sehr wehgetan, oder warst du wegen etwas arg enttäuscht?

Auf diese Fragen kann das aggressive Kind antworten, nicht immer und meist auch nicht sofort, aber mit Sicherheit immer häufiger, wenn es in vergleichbaren Situationen bereits mehrmals erfahren hat, daß es dabei nicht um das Aufspüren und Bloßstellen des Schuldigen geht, sondern um die gemeinsame Lösung eines offensichtlich mehrere Personen betreffenden Problems.

Es gab also tatsächlich einen Grund, wütend, ärgerlich und enttäuscht zu sein, denn sonst würde ja nicht danach gefragt werden. Ob man deshalb gleich losschlagen, treten oder beißen mußte, ist dann die zweite Frage, die im Anschluß daran geklärt werden wird. So wird dem Angreifer klar, daß er nicht einfach als „böses Kind" gesehen wird, das mal wieder grundlos um sich geschlagen hat, sondern daß man sich bemüht, seinen durchaus zugestandenen massiven Problemen in dieser Situation auf die Spur zu kommen.

Diese Fragen gehen natürlich auch, zumindest indirekt, an die Adresse des zuletzt angegriffenen Kindes, des Opfers. Denn dieses kommt beim Zuhören nicht umhin, darüber nachzudenken, ob und inwieweit auch sein Verhalten aggressionsfördernd gewesen sein könnte. Spätestens die nächsten Fragen, nun auch an beide Kinder gerichtet, machen den Kontrahenten – und nicht nur ihnen, sondern auch den interessiert zuhörenden Gruppenmitgliedern – die beidseitige Beteiligung am Problem klar.

- Wie hätte Nadine beim Bauen mitmachen können, ohne daß du diese Wut bekommen hättest?
- Was glaubst du, warum ist der Peter auf dich losgegangen?

Ich betone nochmals, es sollte hier nicht um die Schuldfrage oder darum gehen, wer nun völlig unschuldig war, sondern darum, wie eine derartige Situation entstehen konnte, in die beide Kinder hineingerieten, und wie man eine solche in Zukunft vermeiden kann.

Daß bestimmte Situationen die Aggressionsbereitschaft eines Kindes, wie übrigens auch genauso die eines Jugendlichen oder eines Erwachsenen, steigern, daran wird keine Erziehung etwas ändern können. Doch daß auf eine gesteigerte Aggressionsbereitschaft zwangsläufig, ja schicksalhaft eine aggressive Handlung – womöglich eine Tätlichkeit – folgen muß, das trifft nicht zu. Wie man mit dieser gesteigerten Aggressionsbereitschaft umgehen kann, ist lernbar. Die Frage: „Meinst du nicht auch, euer Problem hätte man auch anders, ohne Schlagen und Beißen, lösen können?" läßt über weniger heftige Reaktionen als günstige Auswege für ähnliche Situationen in der Zukunft nachdenken.

An dieser Stelle möchte ich nochmals an Kap. 10.3 erinnern. Für all diejenigen, für die das Ansprechen von Aggressionen ein wichtiges pädagogisches Hilfsmittel ist, noch ein kleiner Hinweis: Die hier vorgeschlagenen Fragen beziehen sich ausschließlich auf die Bearbeitung einer soeben abgelaufenen aggressiven Szene, gedacht als „Manöverkritik". Aus diesem akuten Kontext herausgenommen und beim entspannten Gespräch zu einer anderen Zeit ganz allgemein angesprochen, können folgende Fragen sehr spannende Antworten und interessante Diskussionen – auch zwischen den Kindern – ergeben:

- Was macht dich eigentlich immer schrecklich wütend?
- Vor welchen Situationen hast du Angst, weil du genau weißt, daß die Wut ganz schnell kommen wird?

11.3 Irgendwann muß wieder Ruhe sein – wir gehen zur Tagesordnung über

Beim Lesen dieser Überschrift denken Sie sicher: „Hauptsache, der Kampf ist vorbei, alles weitere wird sich geben!" Das stimmt, aber es lohnt sich dennoch, einmal kurz über das Danach im Anschluß an eine aggressive Szene nachzudenken.

Nach der Konfliktanalyse, der aufarbeitenden Besprechung der aggressiven Szene, wäre die Sache eigentlich abgeschlossen, würde nicht die Erfahrung zeigen, daß alle daran Beteiligten noch auf ein gegenseitiges Signal warten würden, das es ihnen erlaubt, einen Schlußstrich unter das Vergangene zu ziehen und einen Blick nach vorne auf künftige, vielleicht sogar gemeinsame Aktivitäten zu richten.

- Was soll die Kathrin denn jetzt machen, damit ihr beide wieder spielen könnt und du nicht mehr weinen mußt?
- Wie kann Florian dir denn zeigen, daß er dir nicht mehr böse ist?

In den Antworten auf derartige Fragen findet sich der Wunsch nach einer Entschuldigung ebenso wie der Wunsch, einem „wieder gut" zu sein. Aufzuhören zu weinen, gemeinsam oder getrennt wieder weiterzuspielen, aber auch, ein bißchen in Ruhe gelassen zu werden, sind alles Wünsche, die man respektieren sollte. Für die uns vor allem interessierende Altersgruppe ist die Unterstützung beim Finden von Kompromißlösungen ausschlaggebend für das Danach im Anschluß an eine aggressive Szene. Der Wunsch, gemeinsam weiterspielen zu können, ist in jeder Hinsicht konstruktiv, doch die Frage, wer mit besagtem Auto jetzt eigentlich als erster spielen darf, muß noch vorab geklärt werden. Manchmal schaffen dies die Kinder allein, manchmal mit Hilfe anderer Kinder, mitunter brauchen sie aber auch eine Erzieherin dazu.

„Alles, was mit Aggression zu tun hat, braucht Zeit. Das gilt nicht nur für die akute Situation, in der es zur Auseinandersetzung kommt, in der gestritten und geschlagen wird. Vor allem danach dauert es unheimlich lange, bis wieder Friede ins Land einzieht und neue Aktivitäten beginnen können!"

So die Aussage einer Erzieherin. Typischerweise ist nach der Aggression zuerst einmal ein „Loch". Und das oftmals nicht nur für die direkt betroffenen Kinder. Sie leiden oder schmollen noch, müssen getröstet oder wieder in die Gemeinschaft zurückgeholt werden. Aber alle wirken gedämpft, in ihren Aktivitäten unterbrochen und angehalten. Das Problem liegt irgendwie noch in der Luft. Wie eine stabile Schlechtwetterfront.

Der Rückweg zu sorglosem Spiel und konzentrierten Aktivitäten muß erst über diesen kritischen Punkt hinweg. Ist dies geschafft, atmen viele auf. Achten Sie mal darauf!

In einigen Kindergärten ist das der Moment, in dem die Friedenskerze angezündet wird und alle sich etwas erholen. Das ist keine „verlorene" Zeit, auch wenn sie nachher beim Angebot oder im Stuhlkreis fehlen sollte. Es ist eine wichtige Zeit, in der man lernt, daß es einen Rückweg in die Gemeinschaft gibt, egal, was vorgefallen ist. Hierfür lohnt es sich zusammenzusitzen.

Und wenn man dann schon mal beim Zusammensitzen und Nachdenken ist, kommt die Rede vielleicht sogar darauf, wie hilflos und einsam sich der Angreifer gefühlt hat oder was in dem Kind wohl vorgegangen ist, als es von hinten beim Spielen umgerissen worden ist, oder in dem Kind, dessen mühsam gedeckter und geschmückter Puppeneßtisch nach dem „Einfall der Hunnen" mehr einer Müllkippe ähnelte. Wollte man vielleicht an deren Stelle gewesen sein?

Sich in andere hineinzudenken und Mitleid mit ihnen zu empfinden, scheint zwar ein typisch menschliches Verhalten zu sein, doch – wie bereits ausgeführt – mitleiden kann man nur, wenn man Anteilnahme und Mitgefühl auch am eigenen Leib erlebt hat.

Zum Weiterlesen:

- Herbert, M.: Die ewigen Streitereien. Hans Huber, Bern 1999.
- Sommerfeld, V.: Umgang mit Aggressionen. Ein Arbeitsbuch für Erzieherinnen, Lehrer und Eltern. Luchterhand, Neuwied 1996.

12 Das müssen wir anders machen

Der Umgang mit Aggression verlangt kompetentes Differenzieren:
- Gewalt und aggressive Einschüchterung dürfen keine Akzeptanz finden und nicht belohnt werden.
- Gegen massenaggressive Reaktionen und Ausgrenzungstendenzen muß konsequent eingeschritten werden.
- Es gibt für den einzelnen und für die Gruppe notwendige Formen der Aggression. Die konsequente und gerechte Grenzziehung, aktiv provoziert durch die aggressive soziale Exploration, ist für die Orientierung des Kindes in seiner Umwelt nötig.
- Die Aggression aus Frustration sorgt dafür, daß Defizite bei der Befriedigung wichtiger Bedürfnisse sichtbar werden.
- Die spielerische Aggression stabilisiert die Gruppe, erleichtert die Kontaktaufnahme und hat befriedende Wirkung.

Aggression in sozial akzeptabler Form ist *eine* Möglichkeit der Reaktion in Konflikten, oft kann auch ein anderer Weg zur Lösung des Problems gefunden werden. Es ist wichtig:
- sie zu zeigen, um mit Nachdruck die Änderung einer ängstigenden, frustrierenden, gefährdenden oder einschränkenden Situation herbeizuführen;
- sie zu zügeln, wenn dies nach unseren Vorstellungen eines humanen Zusammenlebens und zur Vermeidung von Eskalation angebracht erscheint;
- sie als Gefühlsregung anzuerkennen, um mit sich authentisch und selbstregulatorisch umgehen zu können;
- sie dann einzusetzen, wenn gegen Widerstände, die uns ungerechtfertigt erscheinen, revoltiert werden muß.

12.1 Keine falschen Hoffnungen: Aggression wächst sich nicht aus!

„Wutausbrüche, Tobanfälle, Schreikrämpfe, Angriffe mit Fäustchen und Tritte mit Babyfüßen, Zertrampeln von Spielzeug, das gibt sich von allein. Wirkt doch putzig. Davor braucht noch keiner Angst zu haben. Nicht immer gleich mit Erziehung kommen!"

Diese Sätze hört man sehr oft, aber sie sind falsch!

Aggression wächst sich nicht von allein aus, wie z. B. die krummen Babyspeckbeinchen. Das ist eine trügerische Hoffnung. Nein, eher ein Versuch, sich aus der Verantwortung zu schleichen, denn gegen aggressive Ausbrüche anzugehen, ist mühsam. Zeigt ein Kind häufig, weit über das Trotzalter hinaus heftige und oft unvermittelte Aggressionen anderen Kindern, Erwachsenen, sich selbst oder Gegenständen gegenüber, so wissen wir heute genau, daß diese Ausbrüche nicht großzügig übersehen werden dürfen. Nur konsequentes und schnelles Einschreiten, dessen Grund erklärt werden muß, das nicht erniedrigend sein darf, aber bei erneutem Regelverstoß zu Konsequenzen führen muß, kann diesen bereits begonnenen Teufelskreis unterbrechen. Vorausgesetzt, man macht sich gleichzeitig auf die Suche nach den Gründen für dieses wilde Ausrasten, denn die aggressiven Ausbrüche einzudämmen, ist nur der erste Schritt. Danach müssen die Aggressionsursachen aufgespürt werden, die das Kind bislang so sprachlos, hilflos und alternativlos der Aggression ausgeliefert haben.

Heftig aggressiv zu reagieren, gewöhnt man sich an, wenn die Probleme unüberschaubar sind und gegen diese vermeintliche Konfliktlösestrategie nicht eingeschritten wird. Und man wird im Toben besser, je älter man wird und je mehr auf diese Weise „erledigte" Konflikte man auf dem Buckel hat.

Deshalb darf Aggression nicht übersehen werden und muß sofort auffallen und kommentiert werden. Nur dann erfährt ein Kind, daß man sehr wohl auf seine Erregungsäußerungen achtet und daß diese nicht unkontrolliert ablaufen können und beim Überschreiten eines bestimmten Grenzwertes unterbunden werden: So nicht, falls doch, muß ich mit Konsequenzen rechnen. Also helft mir, das Problem anders zu lösen!

12.2 Gesetzte Grenzen dürfen nicht unterlaufen werden

Wir können es fast nicht mehr hören, aber ein Kind braucht tatsächlich Grenzen, um Freiheiten erleben und genießen zu können. Das wurde in Kap. 2 und in Kap. 6 ausführlich beschrieben. Alle Kinder, aber vor allem Kinder, die zu aggressiven Ausbrüchen neigen, müssen wissen, was erlaubt ist und was nicht. Und das muß immer gleich sein, montags wie sonntags gelten, bei Mama, Papa und Frau Schmidtke zu denselben Reaktionen führen. Die aggressive soziale Exploration fordert diese Reaktionen heraus, und wir dürfen keine klärenden Antworten schuldig bleiben. Auch wenn es mühsam und aufwühlend ist.

12.3 Ausschau halten nach versehentlicher „negativer" Belohnung

Schaffen wir Situationen, in denen sich der Aggressionseinsatz eines Kindes für seine Pläne lohnt? In diesem Fall wird es die Sache beim nächsten Mal genauso in Angriff nehmen und wieder zu siegen versuchen.

Hierüber nachzudenken ist wichtig, denn andernfalls bieten die Erwachsenen unbeabsichtigt ein äußerst erfolgreiches Aggressionstraining an. Die Ausgangsbasis dieses ungewollten Kurses sind ganz normale Verhaltensweisen, die alle Kinder hin und wieder benutzen, wenn sie ihren Willen durchsetzen wollen: Unfolgsamkeit, Quengeln, Ärgern, Schreien. Die meisten Eltern unterbinden oder ignorieren das Quengeln oder lenken das Kind ab, so daß der Einsatz dieser speziellen Verhaltensweisen nicht erfolgreich ist. Sie kommen wieder aus der Mode.

Ganz anders sieht die Sache aus, wenn die Eltern nachgeben, quengeln die Kinder nur lange genug. Das Kind lernt: Ich muß einfach lange quengeln, um mein Ziel zu erreichen. Und schon wird die Verhaltensweise als erfolgreich eingestuft und wird in der Zukunft immer dann auftreten, wenn ein Wunsch gegen Widerstände durchgesetzt werden soll.

Hier kann man fahrlässig noch einen Fehler draufsetzen, eine pädagogische Fehlleistung, die vor allem bei überforderten Müttern zu beobachten ist: Das Kind quengelt, weil es etwas haben möchte, und die Mutter schimpft und nörgelt am Kind herum. Dieses Schimpfen stört das Kind, trotzdem will es seinen Wunsch erfüllt bekommen. Also fängt es an, zu schreien oder zu weinen. Das ist nun für die Mutter zuviel, und, um

endlich Ruhe zu haben, gibt sie schließlich doch nach. Ohne es zu ahnen, hat sie dem Kind zweierlei beigebracht:
- erstens, wie man sich durchsetzt: durch aggressive Beharrlichkeit;
- und zweitens, wie man das unangenehme Nörgeln der Mutter stoppt: durch Weinen oder Schreien.

Die dabei entstehende Interaktionssequenz ist typisch. Häufiges Quengeln und Schreien des Kindes und das gereizte Nörgeln der Eltern bestimmen die Familienatmosphäre. Das Quengeln des Kindes, das Schimpfen der Mutter und schließlich das erpresserische Schreien des Kindes sind die Bestandteile eines sehr wirkungsvollen „Sich-gegenseitig-unter-Druck-Setzens".

12.4 Aggression nicht verteufeln, dazu stehen, daran arbeiten

Erwünschtes Verhalten wird ebenso nachgeahmt wie unangemessenes. Es geht also um Vorbildfunktionen, um positive Identifikationsfiguren.

Wie sollten wir Großen eigentlich mit Aggressionen umgehen? Noch eine wichtige Frage so ziemlich zum Schluß. An vielen Stellen werden Sie beim Lesen bereits bemerkt haben, daß auch beim Thema Aggression unser Vorbild den Kindern als Muster dient – und zwar immer, nicht nur wenn wir unsere pädagogisch günstigen Vorzeigemomente haben!

Kinder müssen unbedingt erleben, daß auch Erwachsene, sogar die Erzieherin und selbst Mutter und Vater, negative Gefühle empfinden oder eine Wut bekommen können und sich durchaus auch dazu bekennen. In dieser kontrollierten Form kommt Aggression aus dem Bereich des generell Verbotenen heraus. Sie wird zu etwas Dazugehörigem, wird akzeptabel und faßbar und wird – was mir besonders wichtig erscheint – zu etwas, mit dem umzugehen man lernen kann.

So kann man erfahren, daß Aggression nicht zu trennen braucht, daß auch Vater und Mutter, obwohl sie sich lieben und achten und das hoffentlich auch bald wieder zeigen, einen herzhaften, aber nicht alles in Frage stellenden Krach miteinander bekommen können. Die Ablehnung einer Handlung bedeutet nicht die Ablehnung der ganzen Person! Wenn ein Kind merkt, daß man soeben etwas ganz Blödes gemacht hat, worüber sich z. B. die Mama sehr ärgert, muß es gleichzeitig noch spüren und wissen, daß es dennoch geliebt wird, und sich daran auch durch den Quatsch, den es gerade gemacht hat, nichts ändert. Hierzu gehört auch die Erfahrung, daß eine ehrlich gemeinte Entschuldigung angenommen wird.

12.5 Verborgene Wege der Aggression erkennen und freilegen

Immer wieder begegnen uns bei Kindern und Erwachsenen Verhaltensweisen, die aggressiv aussehen, aber eigentlich etwas ganz anderes bewirken sollen, vor allem keine Gegenaggression.

An vier Beispielen, die für den Kindergarten typisch sind, möchte ich zeigen, daß wir manchmal den Umweg über die Aggression wählen, weil der direkte Verhaltensweg aus unterschiedlichen Gründen nicht eingeschlagen wird oder werden kann.

- *Aggression als Kontaktaufnahme:*
  Vor allem Jungen, aber auch männliche Jugendliche und bisweilen Männer im fortgeschrittenen Alter verwenden aggres-

sive Gesten, vor allem den herzhaften Schlag auf die Schulter, um mit ihresgleichen Kontakt aufzunehmen. Oder es kommt zu dem alten Spiel „Wer hat den kräftigsten Händedruck?". Aggression als Begrüßung. Eine direkte herzliche Begrüßung wäre zu eindeutig emotional und deshalb in der Öffentlichkeit zu peinlich. So kommt es zu einer ritualisierten Form der Aggression, bei der nicht Trennendes, sondern Verbindendes im Vordergrund steht, was auch das offene, meist lächelnde Gesicht unmißverständlich zum Ausdruck bringt. Übrigens eine Kontaktaufnahme, die nur zwischen vertrauten Menschen ausgetauscht wird. Gegenüber Fremden eingesetzt, würde sie als Provokation, als Drohung verstanden und entsprechend beantwortet werden.

- *Aggression als Effekt fehlender Spielruhe:*
An Montagen sind die Kinder schwerer zu haben, unruhiger, weniger konzentriert, steigen kaum auf ein Angebot ein und wirken auch aggressiver. Untersucht man dieses Montagssyndrom genauer, vergleicht z. B. Montage mit Donnerstagen, so stellt man folgendes fest:
  - Montags wird weniger gespielt. Wenn ein Kind nicht spielt, kann es nach einem Spiel suchen, etwas fragen, sich unterhalten, schauen oder essen, es kann aber auch aggressiv tätig sein, z. B. stören, streiten, jemanden provozieren, angreifen oder sich verteidigen. Montags sind weit mehr aggressive Aktivitäten zu sehen, als dies donnerstags der Fall ist.
  - Schaut man noch ein bißchen genauer hin, sieht man, daß montags primär das Spiel anderer gestört wird – absichtlich und unabsichtlich – und daß diese Störungen erst sekundär, also in einem zweiten Schritt zu Aggressionen führen. Auch wird montags ein Spiel viel schneller wieder unterbrochen oder abgebrochen als donnerstags.

Es ist die innere Unruhe vom Wochenende (die viele Gründe haben kann, vom vielen Fernsehen bis hin zum geballten Familienleben), die sich hier auswirkt und auf Umwegen als Aggression ankommt. Ein Grund mehr, weshalb montags Entspannungsübungen, Hilfen zur Selbstregulation angesagt sind.

- *Aggression als getarnte Zärtlichkeit:*
Bei Jugendlichen finden wir dem anderen Geschlecht gegenüber empfundene Zärtlichkeit sowie den Wunsch nach Körperkontakt häufig getarnt als gedämpfte Aggression. So scheint eine körperliche Annäherung in der Gruppe weniger verdächtig und auch weniger ironisch kommentiert zu werden, als dies bei einer zärtlichen Annäherung der Fall wäre.

- *Zärtlichkeit als getarnte Aggression:*
Bei Kindern scheint dies genau umgekehrt zu sein. Ihnen gesteht die Gesellschaft Zärtlichkeit durchaus zu, jedoch oftmals keine aggressiven Äußerungen oder Handlungen. So packt Sven Katja von hinten oder vorn, umarmt sie herzhaft und – läßt sie nicht mehr los. Vergleichbare Situationen lassen sich nur dadurch lösen und verschwinden im Laufe der Zeit, wenn man Sven sagt: „Laß doch Katja los, du tust ihr doch weh! Sag ihr doch einfach, daß du eine Wut auf sie hast!" Dann fliegt die Tarnung auf, die empfundene Aggression wird angesprochen und dadurch auch in ihrer Existenzberechtigung anerkannt.

- *Autoaggression:*
Die Autoaggression, aggressive Handlungen gegen sich selbst auszuführen, gehört in leichterer Ausprägung zu den Verhaltensauffälligkeiten und ist noch recht wenig untersucht. Bemerken Sie derartiges Verhalten immer wieder bei einem Kind, sollten die Eltern angesprochen werden, da dieses Kind vorübergehend professionelle therapeutische Hilfe braucht.

Aus den verschiedensten Gründen meint das Kind in seiner Verzweiflung, sich für sein Tun oder sogar für seine eigenen Gedanken bestrafen zu müssen – oftmals um andere vor sich zu schützen. Man kann sich das am ehesten so vorstellen, daß das Kind die Aggressionen, die es gegen andere fühlt, nun auf sich selbst umorientiert und gegen sich selbst richtet. Es gibt Kinder, die in überstarker Erregung allein deshalb autoaggressiv werden, um durch den sich selbst zugefügten Schmerz wieder eine eindeutige Wahrnehmung zu erhalten, die sie dann tatsächlich etwas beruhigen kann. Diese Kinder nehmen sich selbst und die Aktionen und Reaktionen der anderen so stark verzerrt wahr, daß sie ihre Eindrücke, von massiver Angst gehemmt, nur noch notdürftig und fehlerhaft verarbeiten können. Ein solches Kind schreit durch sein auffälliges Signalverhalten nach Hilfe, die man ihm zukommen lassen muß.

12.6 Sozial Attraktives muß sich lohnen und bewußt unterstützt werden

Was gehört dazu? Was dürfen wir nicht als selbstverständlich einstufen und deshalb beim Hervorheben, Belohnen und Wertschätzen vergessen?

- Bandstiftende und gruppenstärkende Verhaltensweisen wie begrüßen, verabschieden, anlächeln, streicheln, liebkosen, trösten, schenken, bitten, danken, teilen, seine Hilfe anbieten, um Hilfe bitten, gute Wünsche, sich entschuldigen, versöhnen, Freundschaften aufbauen usw.
- Alternativen bei Konflikten wie Schmollen (angedrohter Kontaktabbruch, um den Angreifer zum Einlenken zu bewegen),

kreative Lösungsideen, tragfähige Kompromisse, Schlichtungsversuche, Beschwichtigungen, Intervention eines ranghöheren Kindes zugunsten des schwächeren Streitpartners usw.
Sie sehen, im normalen kindlichen Verhaltensrepertoire gibt es erfreulich viele aggressionssenkende und Aggressionen verhindernde Verhaltensweisen, die jede Form der Unterstützung brauchen.

12.7 Bitte keine zu idealistischen Vorstellungen

Der Soziologe Tillmann weist darauf hin, daß im Moment eine Generation besonders friedfertiger Pädagogen in den Schulen das Sagen habe. „Nach-68er", die jahrzehntelang für eine aggressionsfreie Gesellschaft gearbeitet und sich dafür eingesetzt haben, stehen heute einer großen Zahl gewalttätiger Schüler gegenüber und erleben frustrierende, alles in Frage stellende Ohnmachtsgefühle.

Inwiefern ist eine Erziehung zum Pazifismus ganz ohne Aggressionen realistisch? Bereits in Kap. 2 haben wir gehört, daß Aggressionen abzuschaffen kein lohnendes Ziel wäre. Zu idealistisch, zu unrealistisch ist die Vorstellung des aggressionsfreien Zusammenlebens. Aber wir müssen zwischen Aggression, Gewalt und Destruktivität unterscheiden lernen. Gewalt und Destruktivität sind diskussionslos abzulehnen, Aggression hingegen müssen wir differenziert sehen.

Betrachten wir Kinder im Kindergartenalter – irgendwo auf der Welt –, so werden wir sehen, daß die körperliche Auseinandersetzung zu ihrem Aktivitätsmuster gehört, bei den Jungen mehr als bei den Mädchen, und daß viele Konflikte auf diesem Weg – speziell in dieser Altersgruppe – ganz schnell und nachhaltig versöhnend gelöst werden. Vorausgesetzt, das Kräfteverhältnis und die

Fairneß stimmen. Und noch ein wichtiger Punkt: Angreifer und Verteidiger gehen respektvoll miteinander um. Das funktioniert häufig, wenn der Grund für die Auseinandersetzung auf den momentanen Konflikt beschränkt bleibt, d. h. beidseitig keine Altlasten hinzukommen. Ich möchte zur Diskussion stellen, ob es günstig ist, dieser Altersgruppe jeden körperlichen Kampf zu verbieten. Die spielerische Aggression sollte schon gar nicht unterbunden, sondern gefördert werden (Kap. 7). Und auch die faire Auseinandersetzung beim echten Kämpfen scheint *eine* adäquate Konfliktlösestrategie dieser Altersgruppe zu sein, auch wenn sich Erzieher und vor allem Erzieherinnen vor dem Hintergrund ihrer pädagogischen Zielsetzungen hiermit noch schwertun.

Die Verteufelung jeglicher Form der tätlichen Auseinandersetzung hat uns die Schlagkraft verbaler Aggression unterschätzen und die Verletzungen durch relationale Aggression nicht ernstnehmen lassen.

Zum Weiterlesen:

- Havers, N.: Aggressives Verhalten. Ursachen in der Familie und pädagogische Folgerungen. Pädagogik 3, 1993, 24–27.
- Kast-Zahn, A.: Jedes Kind kann Regeln lernen. Oberstebrink, Ratingen [4]1997.
- Rohr, M.: Freiheit lassen – Grenzen setzen. Herder/Spektrum, Freiburg 1998.
- Schäfer, M./Frey, D.: Aggression und Gewalt unter Kindern und Jugendlichen. Hogrefe, Göttingen 1999.
- Sommerfeld, V.: Umgang mit Aggressionen. Ein Arbeitsbuch für Erzieherinnen, Lehrer und Eltern. Luchterhand, Neuwied 1996.
- Tillmann, K.-J./Holler-Nowitzki, B./Holtappels, H.-G./Meier, U./Popp, U.: Schülergewalt als Schulproblem. Verursachende Bedingungen, Erscheinungsformen und pädagogische Handlungsperspektiven. Weinheim 1999.

Index

A

Aggression
- indirekte 46, 49–50, 57
- körperliche 46–47, 49, 56, 59, 66
- nachgeahmte 71
- physische 46
- relationale 46, 50–51, 57, 157
- spielerische 56, 72, 79–81, 83–86, 112, 132, 157
- verbale 46, 48–49, 59, 157

Aggressivität 18–19, 34, 36–39, 41–43, 63, 112, 116–117

Als-ob-Raum 87, 129

Anerkennung 16, 58, 92, 97, 100, 105

Angst 20, 34, 48, 52, 60, 70, 85, 94, 100, 125–126, 136, 148, 155

Ansehen 16, 55, 90, 92, 100

Außenseiter 59, 72, 105–106, 108, 114, 116, 130

Aufmerksamkeit 16, 51, 75, 83, 86, 92–93, 97, 116–117, 119, 126, 128, 137

Auseinandersetzung, körperliche 47–48, 52, 54, 65–66, 92, 94, 156

Ausgrenzung 52, 72, 130, 133, 147

Auslösesituation 26, 78, 106, 129

Autoaggression 154

Autorität 19, 91

B

Bedürfnisse 15, 18, 20, 40, 42, 71, 147

Beschwichtigung 79–80, 94–95, 156

Besitzkonflikt 56, 100

Boß 19, 93, 117

Bully-Verhalten 109

Bullying 109–111

C

Chefin 19

D

Denkhemmung 124

Destruktivität 18, 34, 62, 156

Drohen 91, 100

Drohungen 29, 93

E

Einfluß 16, 31, 51, 54, 62, 85, 91, 96–98, 108, 121

Einfühlungsvermögen 91

Entschuldigung 143, 152

entspanntes Feld 79, 84, 86

Etikett 43, 114–118

Exploration, aggressive
soziale 20, 71, 90, 147, 149

F
Fair play 85
Fernsehkonsum 120, 122
Frustration 20–21, 40, 42, 71, 91, 128–129, 147

G
Geschlechtsidentität 61
Gewalt 18–19, 26, 34–39, 43, 60, 62, 109, 119–122, 134, 147, 156–157
Grenzen 18, 20–21, 43, 48, 66, 85, 99, 133, 149, 157
Gruppenaggression 24, 72, 104, 108

I
imponieren 29, 55, 100
Interaktionsproblem 40

J
Jähzorn 123, 126
Jungensozialisation 62

K
Kompromiß 33, 94–97, 107, 143
Kompromisse 92, 95–96, 156
Konfliktanalyse 140, 143
Konfliktarbeit 31
Konflikte 12–13, 16, 18, 21, 27–28, 31–32, 34, 41, 46, 55, 64–67, 92, 94–96, 101, 117, 121, 132, 135, 137, 147, 149, 155–156
Konkurrenz 55–56
Kontaktaufnahme 49, 92, 101, 117, 119, 132, 147, 152–153
Kontrolle, soziale 49, 61, 138

L
Leistungswille 18

M
Minus-Gesicht 100
Mitläufer 25, 108–109
Montagssyndrom 153

O
Ohnmachtsgefühl 42, 156
Opfer 28, 34–35, 46, 49, 51, 54, 66, 75, 86, 108–115, 139, 141

P
Panik 70, 126
Passivität 60
Plus-Gesicht 100
Problemlösung 40, 43
Provokation 21, 43, 90, 116, 132, 153

R
Ranghohe Kinder 94, 99
Rangordnung 90–91, 94, 99, 110
Rangstufenkampf 71, 90–91
Risikobereitschaft 93
Risikokinder 37, 39, 41–42

S

Schlichtungsgespräch 140
Selbständigkeit 15, 25
self-handicapping 81
Siegermiene 91
Solidarisierung 24, 103–106
– aggressive 25
Solidarität 108
Sozialisation 24, 61, 122
Spielaufforderung 79
Spielbereitschaft 78
Sprachlosigkeit 130
Stopsignal 80, 84–85, 108

T

Täter 28, 34–36, 51–52, 75–76, 105, 111–118, 139
„tit for tat"-Strategie 137

V

Verhaltensspielraum 18, 70
Vernunft 124
Verteidigung 15, 21, 25, 54, 70, 75, 112–113, 126
Verweigerung 21, 55
Vorurteile 19, 118

W

Wut 17, 24, 28–31, 34, 40, 42, 56, 70, 72–73, 99, 106, 119, 123–124, 126–131, 135–137, 139–141, 148, 151, 154

Z

Zivilcourage 18–19
Zuneigung 16
Zuwendung 20, 60, 97